T0209861

essentials liefern aktuelles Wissen in konzentrierter Form. Die Essenz dessen, worauf es als „State-of-the-Art" in der gegenwärtigen Fachdiskussion oder in der Praxis ankommt. *essentials* informieren schnell, unkompliziert und verständlich

- als Einführung in ein aktuelles Thema aus Ihrem Fachgebiet
- als Einstieg in ein für Sie noch unbekanntes Themenfeld
- als Einblick, um zum Thema mitreden zu können

Die Bücher in elektronischer und gedruckter Form bringen das Fachwissen von Springerautorinnen kompakt zur Darstellung. Sie sind besonders für die Nutzung als eBook auf Tablet-PCs, eBook-Readern und Smartphones geeignet. *essentials* sind Wissensbausteine aus den Wirtschafts-, Sozial- und Geisteswissenschaften, aus Technik und Naturwissenschaften sowie aus Medizin, Psychologie und Gesundheitsberufen. Von renommierten Autorinnen aller Springer-Verlagsmarken.

Vivien Veit

Compliance-Kultur und Unternehmensethik

Springer Gabler

Vivien Veit
Mönchengladbach, Deutschland

ISSN 2197-6708 ISSN 2197-6716 (electronic)
essentials
ISBN 978-3-658-40784-1 ISBN 978-3-658-40785-8 (eBook)
https://doi.org/10.1007/978-3-658-40785-8

Die Deutsche Nationalbibliothek verzeichnet diese Publikation in der Deutschen Nationalbibliografie; detaillierte bibliografische Daten sind im Internet über http://dnb.d-nb.de abrufbar.

Planung/Lektorat: Catarina Gomes de Almeida
Springer Gabler ist ein Imprint der eingetragenen Gesellschaft Springer Fachmedien Wiesbaden GmbH und ist ein Teil von Springer Nature.
Die Anschrift der Gesellschaft ist: Abraham-Lincoln-Str. 46, 65189 Wiesbaden, Germany

Was Sie in diesem *essential* finden können

- Einen Überblick zum Stand der literarischen und regulatorischen Auseinandersetzung mit dem Thema „Compliance-Kultur"
- Erkenntnisse zu Täterprofilen und dem Verinnerlichen von Regeln und Werten
- Hilfreiche Tools für die Etablierung und den Erhalt einer gesunden Compliance-Kultur
- Statements und Best Practices aus der Wirtschaft

Rules exist to govern behavior, but rules cannot substitute for character.[1]
Alan Greenspan

[1] Commencement address at the Wharton School, University of Pennsylvania, Philadelphia – May 15, 2005.

Inhaltsverzeichnis

Über die Autorin

Dr. Vivien Veit ist Rechtsanwältin und spezialisiert auf das Wirtschaftsstrafrecht und die Compliance-Beratung. Sie ist Autorin eines Lehrbuches sowie zahlreicher Veröffentlichungen zu diesen Themen und Inhaberin mehrerer Lehraufträge. Ihr Ziel ist es, strafrechtlich relevante Themen näher an die Menschen im Unternehmen zu bringen. Zu diesem Zweck hat sie spezielle Schulungskonzepte entwickelt und berät neben der klassischen Verteidigung zur Implementierung von Compliance-Systemen unter Einbeziehung der unternehmenseigenen Ressourcen.

Einleitung 1

Übersetzt man das Wort „Compliance" wörtlich, so erhält man als Ergebnis „Regeltreue", „Beachtung" und „Fügsamkeit". Verfolgt man die Tagespresse, so kann man anhand von allerlei „Wirtschaftskrimis" lernen, was passiert, wenn es Einzelpersonen oder ganzen Einheiten an dieser Regeltreue mangelt. Getragen von dieser Erkenntnis, hat sich „Compliance" zum Modewort und die darauf bezogene Beratungsindustrie zur Modebewegung der letzten Jahre entwickelt. Das inzwischen berühmt gewordene „Neubürger-Urteil"[1] des Landgericht (LG) München I stellte klar, dass ein Compliance-System keine Frage der persönlichen Entscheidung, sondern verpflichtend für alle am Markt tätigen Unternehmen ist. Die Strafgerichte zogen nach[2], Richtlinien für Wirtschaftsprüfer und der Corporate Governance Kodex folgten.[3] Mit der Zunahme der Compliance-Bemühungen nahm das Aufkommen kleinerer und größerer Unternehmensskandale jedoch keineswegs ab. Dabei zeigt sich die Qualität eines Compliance-Systems unbestritten auch daran, dass es Fehlverhalten zu Tage fördert, welches sonst verborgen geblieben wäre; dennoch ist der Trend nicht so rückläufig, wie er sein könnte.

Viel zu oft bringen Mitarbeiter in Schulungen ihren Unwillen zum Ausdruck, sich erneut auf „geschäftsschädigende" Regeln einlassen oder in ihren Augen sinnlose Papiertiger bewältigen zu müssen. Viel zu oft ist die Geschäftsleitung – insbesondere in kleinen und mittelständischen Unternehmen – der Auffassung, Compliance sei nichts anderes als eine austauschbare und auf jedes Unternehmen gleichermaßen anwendbare Richtlinie, die sich aus dem Internet abrufen oder

---

[1] BGH NZG 2014, 345 ff.

[2] BGH NZWiSt 2018, 379 ff.

[3] Entwurf einer Neufassung des IDW Prüfungsstandards: Grundsätze ordnungsmäßiger Prüfung von Compliance Management Systemen (IDW EPS 980 n.F. (10.2021)); www.dcg k.de.

V. Veit, *Compliance-Kultur und Unternehmensethik*, essentials, https://doi.org/10.1007/978-3-658-40785-8_1

bei der örtlichen IHK bestellen ließe und den Mitarbeitern vorzuhalten sei. Dieser Vorhalt geschieht dabei gern mit der Entschuldigung, das sei nun „geltende Rechtslage" und man müsse den Verpflichtungen eben nachkommen. Im Prinzip könne man aber weitermachen, wie bisher. Man müsse nur besser aufpassen. Dabei gilt es zu verstehen, dass das bloße Implementieren von Verhaltensregeln nicht zu dem gewünschten Erfolg führt. Die Nachhaltigkeit eines Compliance-Systems hängt entscheidend davon ab, ob das Unternehmen es schafft, eine lebendige Compliance-Kultur zu erwecken und zu erhalten.[4] Um nicht in einem sinnlosen Papierkrieg zu enden und Regelbrüchen nachhaltig vorzubeugen gilt es, gemeinsame Werte und innere Überzeugungen zu entwickeln und auf diese Weise eine intrinsische Motivation zur Regeltreue hervorzurufen. Ziel ist die Schaffung eines „moralischen Kompasses",[5] der das Unternehmen und die einzelnen Mitglieder auch durch stürmische Zeiten und unvorhersehbare Herausforderungen navigiert.

Umgekehrt darf man aber nicht dem Irrtum erliegen, dass allein eine (wenn auch vielleicht sogar gelungene) Werteerziehung zu durchweg regelkonformem Verhalten der Mitarbeiter führen würde – ein solcher Prozess ist wesentlich komplexer und ein Zusammenspiel verschiedenster Komponenten.[6] Der hier verwendete Begriff der „Compliance-Kultur" umfasst daher nicht nur das im Unternehmen bestehende Wertesystem, sondern nimmt den gesamten Spirit eines Unternehmens in den Blick (welcher Wind weht dort, welche Überzeugungen bestehen und wie werden diese (vor)gelebt?).

Die nachfolgenden Ausführungen sollen einen Überblick über den heutigen Stand der Auseinandersetzung mit dem Thema Compliance-Kultur, deren Stellenwert und schließlich ganz konkrete Vorschläge geben, wie eine solche Kultur zu fördern ist. Dabei verstehen sich die aufgeworfenen Punkte ausdrücklich als Anregungen, aus denen jeder im Wege eines Baukastenprinzips entnehmen möge, was ihm in seiner konkreten Situation hilfreich erscheint. Abschließend finden sich Stimmen aus der Praxis, die konkrete Best Practices erläutern und so der weiteren Inspiration dienen und einen Vergleich der eigenen Bemühungen mit denen der anderen Marktteilnehmer ermöglichen.

---

[4] Jahn/Guttmann/Krais, Krisenkommunikation bei Compliance-Verstößen, Kap. 1, Rn. 14; Tyler/Blader (2005): Can businesses effectively regulate employee conduct? The antecedents of rule following in work settings, in: Academy of Management Journal, 48 (6), S. 1143 ff.; Trevino, L. K./Weaver, G. R./Gibson, D. G./Toffler, B. L. (1999): Managing ethics and legal compliance: what works and what hurts, in: California Management Review, 41 (2), S. 131 ff.

[5] Fissenewert, Compliance für den Mittelstand, 2. Auflage (2017), Rn. 20.

[6] Wahl, Wie kommt die Moral in den Kopf (2015), S. 140.

Dispositionen und Motive für Wirtschaftskriminalität

2

2.1 Täterprofile

Der durchschnittliche (man mag sogar sagen: typische) Wirtschaftsstraftäter ist männlich, deutsch, etwa 40 Jahre alt, verheiratet oder wenigstens „in geordneten Verhältnissen lebend" und absolvierte eine gute bis sehr gute Ausbildung.[1] Er verfügt darüber hinaus über gute Fachkenntnisse sowie Einfluss in seinem Unternehmen, ist ehrgeizig und beruflich überdurchschnittlich engagiert.[2] Er ist außerdem üblicherweise nicht vorbestraft, zumindest vordergründig mit einem akzeptablen Wertesystem ausgestattet und im Alltag wie auch in seinem Umfeld nicht mit strafrechtlichen Themen befasst.[3] Verallgemeinerungsfähige Verhaltensauffälligkeiten bestehen ebenso wenig wie eine soziale Auffälligkeit.[4]

Üblicherweise kennt er auch die an ihn gerichteten Normappelle, und zwar sowohl diejenigen der unternehmensinternen Regelungen wie auch die des Strafrechts. Die Gründe, warum es dennoch zu einem Fehlverhalten kommt, sind vielfältig. Neben einer gewissen Geltungssucht, die insbesondere in den höheren Etagen großer Unternehmen massiv bedient wird, spielt das persönliche Selbstverständnis („ich mache hier die Regeln") eine Rolle.[5] Teilweise ergibt sich ganz einfach die Gelegenheit,[6] seine persönliche Stellung oder sein Gehalt

---

[1] Bannenberg, Korruption in Deutschland, S. 341, 347.

[2] Bannenberg, Korruption in Deutschland, S. 347.

[3] Bannenberg, Korruption in Deutschland, S. 347.

[4] Dittmers, Werteorientiertes Compliance-Management, S. 77.

[5] Yap et al., Ergonomics of Dishonesty, Psychological Science (2013), 24 (11), 2281 ff.: „Feelings of power can cause dishonest behavior".

[6] Hierzu Dittmers, Werteorientiertes Compliance-Management, S. 82 mit der Unterscheidung zwischen „Gelegenheitssucher" und „Gelegenheitsergreifer".

© Der/die Autor(en), exklusiv lizenziert an Springer Fachmedien Wiesbaden GmbH, ein Teil von Springer Nature 2023
V. Veit, *Compliance-Kultur und Unternehmensethik*, essentials,
https://doi.org/10.1007/978-3-658-40785-8_2

aufzubessern.[7] Mitunter spielen auch hoher Leistungsdruck oder Notlagen (die Auftragslage, und damit im Regelfall auch die persönliche Verdienstmöglichkeit im Falle von leistungsabhängigen Gehaltsgefügen, verschlechtert sich immens) eine Rolle.[8] Auch kann es geschehen, dass Einzelne angesichts mehr oder weniger großer Marktschwankungen die Bodenhaftung verlieren oder derart unter Druck geraten, dass schließlich der Erfolg um jeden Preis gesichert werden muss. Häufig ist die Entdeckungswahrscheinlichkeit gering und der – direkte oder mittelbare – positive Effekt (Beförderung, Gehaltssteigerung, Prämien und Lob für Umsatzsteigerung) hoch.[9] Aufgrund ihrer prominenten Stellung im Unternehmen gelingt es den Tätern häufig, Verdachtsmomente zu zerstreuen oder Kontrollinstanzen geschickt auszuhebeln.[10] Auf eine etwaige Verfolgung reagieren die Täter nicht selten mit Erstaunen und einer beeindruckenden Palette an Rechtfertigungen, deren Tenor üblicherweise von Vergleichen mit Kolleginnen und Kollegen bis hin zur Analyse von Marktmechanismen („ich konnte ja nicht anders, sonst hätten wir den Auftrag nicht bekommen") reicht.[11]

2.2 Erlernen von Moral und Regeltreue

Die Anerkennung von Normen geschieht in mehreren Stufen und reicht von der bloßen Akzeptanz einer Normexistenz bis hin zu einem Maß an Verinnerlichung, aus dem heraus die Einhaltung der Normen von sich und anderen erwartet und deren Inhalt sogar weiterentwickelt wird.[12] Am wenigsten stark wird man sich dabei auf die Regeltreue einer Person verlassen können, deren Motivation für die Einhaltung von Normen lediglich das Vermeiden von Bestrafung und eine überlegene Macht von Autoritäten darstellt.[13] Am nachhaltigsten hingegen stellt sich der individuelle Glaube an die Gültigkeit universaler moralischer Prinzipien und ein Gefühl persönlicher Verpflichtung ihnen gegenüber dar.[14] In letzterem Falle

---

[7] Heißner, Erfolgsfaktor Integrität, S. 53 f.

[8] Heißner, Erfolgsfaktor Integrität, S. 54.

[9] Bannenberg, Korruption in Deutschland, S. 348.

[10] Vgl. Bannenberg, Korruption in Deutschland, S. 347 f.

[11] Bannenberg, Korruption in Deutschland, S. 348.

[12] Vgl. Kohlberg, Psychologie der Moralentwicklung, S. 123 ff., 295.

[13] Vgl. Kohlberg, Psychologie der Moralentwicklung, S. 128 ff.

[14] Vgl. Kohlberg, Psychologie der Moralentwicklung, S. 132.; siehe auch die Ausführungen zur „Selbstbestimmungstheorie" (Deci/Ryan), Zusammenfassung bei Nico Rose, die Schattenseiten der Compliance, Control Manage Rev. 2021, 50–53 (https://www.ncbi.nlm.nih.gov/pmc/articles/PMC7941407/).

leitet sich der Geltungsanspruch von Recht und Gesetz aus ohnehin bestehenden, universellen moralischen Rechten ab und konkrete Normen haben praktisch nur noch deklaratorische Bedeutung.[15] Der Normadressat begreift sich in der Folge – trotz der bestehenden Regularien – als Urheber seines eigenen Handelns, was sich positiv auf seine Motivation auswirkt.[16]

In der Forschung ist nicht abschließend geklärt, wie ein solch hohes Moralverständnis entwickelt werden kann. Klar ist, dass es sich um ein Zusammenspiel zahlreicher Komponenten handelt. So spielen die persönlichen, kognitiven Fähigkeiten zum Hinterfragen und Bewerten einer Situation ebenso eine Rolle, wie die persönlichen Charaktereigenschaften und die Fähigkeit zu Empathie.[17] Von nicht zu unterschätzender Wichtigkeit ist aber auch der Einfluss der Umwelt, d. h. des Elternhauses und der Institutionen, in die das Individuum eingegliedert ist und in denen es Vorbilder findet. Zu diesen Institutionen gehört regelmäßig auch der Arbeitgeber, der eine Determinante für eine positive Moralentwicklung darstellen kann – oder eben nicht.

2.3   Kognitive Dissonanzen

Forschungen zeigen, dass Menschen im Allgemeinen aus sich heraus gewillt sind, sich an Regeln zu halten.[18] Ein Regelverstoß bewirkt – vereinfacht gesagt – einen unangenehmen Gefühlszustand, der aus einem Konflikt widerstreitender Werte und Grundsätze resultiert. Diese kognitive Dissonanz löst eine erhöhte Motivation aus, diese aufzulösen. Im Bestfalle geschieht dies durch regelkonformes Verhalten.

Werden jedoch die Regeln im Unternehmen – aus welchem Grund auch immer – nicht gelebt und insbesondere von Vorgesetzten und als wichtig wahrgenommenen Kollegen nicht eingehalten, besteht die Gefahr, dass in logischer Fortführung gerade die *Beachtung* der Compliance-Regelungen als Regelbruch wahrgenommen wird. Die kognitive Dissonanz wird zugunsten des (scheinbaren) Ungehorsams aufgelöst, um mit den unternehmensinternen, ungeschriebenen Verhaltensregeln übereinzustimmen.

---

[15] Vgl. Kohlberg, Psychologie der Moralentwicklung, S. 136.

[16] Rose, die Schattenseiten der Compliance, Control Manage Rev. 2021, 50–53 (https://www.ncbi.nlm.nih.gov/pmc/articles/PMC7941407/).

[17] Kohlberg, Psychologie der Moralentwicklung, S. 162 ff.

[18] Pfister et al., Burdens of non-conformity: Motor execution reveals cognitive conflict during deliberate rule violations, Cognition 147 (2016), 93 (97); ders., Taking shortcuts, Cognitive conflict during motivated rule-breaking, Journal of Economic Psychology 71 (2019), 138 ff.

2.4   Conclusio/Learning

Die vorstehenden Grundsätze zeigen, was in der Kriminologie bereits lange bekannt ist: allein die Existenz von (Straf-)Normen führt nicht automatisch zu ihrer Befolgung.[19] Um eine solche zu erreichen, bedarf es eines ungeschriebenen Normensystems aus Gewohnheiten und dem tatsächlichen Verhalten des näheren Umfeldes.[20] Im Bestfalle sind die tatsächlich niedergeschriebenen Normen angesichts des verinnerlichten Wertesystems nur noch symbolischer Natur.

---

[19] Bannenberg, Korruption in Deutschland, S. 349.
[20] Bannenberg, Korruption in Deutschland, S. 350.

Regulatorische Anforderungen

3

Insbesondere in den USA ist die Frage einer Unternehmenskultur und der Integrität des Systems bereits seit einigen Jahren in den Blick der Behörden gerückt und
stellt inzwischen eine ernst zu nehmende Größe bei der Überprüfung der Ernst-
haftigkeit und Wirksamkeit von Compliance-Systemen dar.[1] Auch in Deutschland
setzt sich zunehmend die Erkenntnis durch, dass das bloße Vorhandensein eines
Compliance-Management-Systems noch nichts über dessen Qualität und Eignung
aussagt, tatsächlich Regelverstöße zu verhindern.[2]

3.1 Rechtsprechung in Deutschland

Sowohl die Zivilgerichte[3] als auch die Strafgerichte haben sich bereits mit dem
Thema Compliance zu beschäftigen gehabt. Derzeit beschränkt sich der Inhalt
der Entscheidungen jedoch noch darauf, ein effizientes[4] Compliance-System zu
fordern, um eine Haftung zu vermeiden und/oder in den Genuss von Buß-
geldreduzierungen zu kommen. Was zu dieser Effizienz gehört und wie diese
zu überprüfen ist, haben die Gerichte bisher offengelassen. Es dürfte allerdings mittlerweile als State of the Art anzusehen sein, dass zur Güte eines
Compliance-Systems auch dessen Eignung gehört, das Verhalten der Belegschaft

---

[1] Vgl. statt aller der Resource Guide zum FCPA: A Resource Guide to the U.S. Foreign Corrupt Practices Act, 2nd Edition 2020 by the Criminal Division of the U.S. Department of
Justice and the Enforcement Division of the U.S. Securities and Exchange Commission.

[2] BGH NZWiSt 2018, 379 ff., IDW-Standard PS 980 sowie ISO 37301.

[3] Siehe die sog. „Neubürger-Entscheidung" des LG München I, NZG 2014, 345 in der das
Gericht das Vorhandensein eines Compliance-Systems bei entsprechender Gefährdungslage
für notwendig erklärt.

[4] BGH NZWiSt 2018, 379.

© Der/die Autor(en), exklusiv lizenziert an Springer Fachmedien Wiesbaden
GmbH, ein Teil von Springer Nature 2023
V. Veit, *Compliance-Kultur und Unternehmensethik*, essentials,
https://doi.org/10.1007/978-3-658-40785-8_3

nachhaltig im Sinne der Rechtstreue zu beeinflussen. Zudem ist anerkannt, dass ein Compliance-System bei der Bußgeldentscheidung zu berücksichtigen ist und sich sogar regelmäßig bußgeldreduzierend auswirkt.[5] Konkrete Handreichungen der Strafverfolgungsbehörden oder gesicherte Rechtsprechung zu der Frage, welche Anforderungen an den Inhalt eines Compliance-Management-Systems gestellt werden, existieren jedoch derzeit nicht. Verschiedene Prüfstandards haben hingegen bereits erkannt, dass die Sinnhaftigkeit eines Compliance-Systems ohne diese Komponente nicht angemessen beurteilt werden kann.

3.2 Entwurf einer Neufassung des IDW Prüfungsstandards PS 980

Das Institut der Wirtschaftsprüfer (IDW) gibt in seinem Entwurf der Neufassung des IDW Prüfungsstandards PS 980 zur ordnungsgemäßen Prüfung von Compliance Management Systemen dem Thema Compliance-Kultur viel Raum und macht damit den Weg frei, das bisher eher als psychologischer Nebenkriegsschauplatz verstandene Thema zum Prüfstandard zu erheben. Konkret heißt es im Entwurf:

> *Die Compliance-Kultur stellt die Grundlage für die Angemessenheit und Wirksamkeit des CMS dar. Sie wird vor allem geprägt durch die Grundeinstellungen und Verhaltensweisen des Managements im Umgang mit ComplianceRisiken („„tone at the top"), die Rolle der für die Überwachung Verantwortlichen sowie die Art und Weise, wie das Management die zentralen Unternehmenswerte und die weiteren Grundelemente in der Organisation verankert. Die Compliance-Kultur beeinflusst maßgeblich die Bedeutung, welche die Mitarbeiter des Unternehmens der Beachtung von Regeln beimessen und damit die Bereitschaft zu regelkonformem Verhalten.[6]*

Weiter heißt es in den nachfolgenden Anwendungshinweisen:

> *Die Compliance-Kultur ist integrativer Bestandteil der Unternehmenskultur und enthält im Wesentlichen Merkmale, welche für die Einhaltung von Regeln im Unternehmen von besonderer Relevanz sind. Sie kann grundsätzlich nicht losgelöst betrachtet werden von anderen – die Kultur prägenden – Determinanten eines Unternehmens, vor*

---

[5] BGH NZWiSt 2018, 379 ff.

[6] Entwurf einer Neufassung des IDW Prüfungsstandards: Grundsätze ordnungsmäßiger Prüfung von Compliance Management Systemen (IDW EPS 980 n.F. (10.2021)), Ziff. 2, Rn. 27.

allem solchen mit Einfluss auf das interne Risikomanagement- und Kontrollumfeld (Risikokultur, Kontrollkultur, Revisionskultur etc.).[7]

Eine authentische Compliance-Kultur lebe von einer regelmäßigen bewussten Reflexion sowie einer angemessenen Operationalisierung. Hierzu gehöre die regelmäßige, kritische Hinterfragung der Ursachen von Fehlverhalten (Root Cause Analysis), die Etablierung einer offenen und positiv geprägten Fehlerkultur (Lessons learnded) sowie die Einbeziehung anderer Governance-Funktionen, einschließlich der Personalentwicklung.[8]

Konkret werde die Compliance-Kultur insbesondere durch folgende Merkmale beeinflusst:

- das die Compliance-relevanten Unternehmenswerte vermittelnde Verhalten der gesetzlichen Vertreter (Vorbildfunktion)
- die Aufstellung, Kommunikation und beispielhafte Vermittlung klarer und widerspruchsfreier Verhaltensgrundsätze, welche die angestrebte Umsetzung der proklamierten (Compliance-relevanten) Unternehmenswerte in der Praxis transparent machen
- das integre, verantwortungsvolle und werteorientiere Verhalten der Mitglieder des Managements auf allen Managementebenen im Einklang mit den zu beachtenden Regeln (Tone from the Top/Middle)
- die Anreizsysteme, mit denen regelwidriges Verhalten verhindert und regelkonformes Verhalten gefördert wird, einschließlich der Berücksichtigung von Werteorientierung und Compliance im Einstellungsprozess, bei Personalbeurteilungen und Beförderungen
- der Führungsstil und die Personalpolitik des Unternehmens (z. B. Bedeutung der Kompetenz und Erfahrung der Mitarbeiter)
- die (Ermöglichung der) Bereitschaft der Mitarbeiter zur Ansprache von (Compliance-) Risiken und erkanntem Fehlverhalten unter Nutzung eines Hinweisgebersystems sowie
- die Stellung des und die Art der Aufgabenwahrnehmung durch das Aufsichtsorgan im Zusammenhang mit guter Corporate Governance und Compliance.

---

[7] Entwurf einer Neufassung des IDW Prüfungsstandards: Grundsätze ordnungsmäßiger Prüfung von Compliance Management Systemen (IDW EPS 980 n.F. (10.2021)), Anwendungshinweise, Ziff. 4, A 23.

[8] Entwurf einer Neufassung des IDW Prüfungsstandards: Grundsätze ordnungsmäßiger Prüfung von Compliance Management Systemen (IDW EPS 980 n.F. (10.2021)), Anwendungshinweise, Ziff. 4, A 23.

3.3   ISO 37301 (2021)

Die recht neue ISO 37301 ersetzt als Level-A-Norm die 2014 in Kraft getre-
tene ISO 19600 und erlaubt – bei Einhaltung der als verbindlich vorgegebenen
Kriterien – im Gegensatz zu der Vorgängernorm nun die Zertifizierung der erfolgreichen Umsetzung eines wirksamen Compliance-Systems. Auch hier hat das
Themengebiet der Compliance-Kultur bereits Eingang gefunden.

Nach der Definition der Norm umfasst eine wirksame Compliance-Kultur
Werte, ethische Standards und Überzeugungen, die innerhalb der Organisation
bestehen, mit ihrer Struktur und ihrem Kontrollsystem interagieren sowie Verhaltensnormen erzeugen, die das Compliance-Ergebnis fördern.[9] Dabei wird
die Thematik klar als Führungsaufgabe definiert. Unternehmensleitung und das
gesamte Management müssen die erwarteten Verhaltensstandards aktiv und sichtbar vorleben und gleichzeitig demonstrieren, dass compliancewidriges Verhalten
nicht toleriert wird. Die Einrichtung und der Erhalt der Unternehmenswerte wird
außerdem klar der Unternehmensleitung und dem oberen Management zuge-
schrieben. Diese haben im Übrigen sicherzustellen, dass ausreichende Ressourcen
für die Etablierung, den Erhalt und die stetige Verbesserung eines übergreifenden
Compliance-Systems vorhanden sind. Darüber hinaus versteht die Norm unter
einer geeigneten Führung die Anleitung und Unterstützung auch außerhalb der
Führungsebene befindlichen Personen, die sich für eine effektive Compliance
einsetzen.

3.4   Der Corporate Governance Kodex

Während alle anderen Regularien in Bezug auf die Compliance-Kultur „auf-
rüsten“, beschränkt sich der Deutsche Corporate Governance Kodex weiterhin
auf wenige Empfehlungen und fordert ein „angemessenes und wirksames internes Kontrollsystem“.[10] Dabei setzen Angemessenheit und Wirksamkeit nach den
Grundsätzen des Kodex´ die interne Überwachung des internen Kontrollsystems
und des Risikomanagementsystems voraus. Nach Grundsatz 5 hat der Vorstand
außerdem für die Einhaltung der gesetzlichen Bestimmungen und der internen
Richtlinien zu sorgen und auf deren Beachtung im Unternehmen hinzuwirken.
Insgesamt wird auf Akzeptanz gesetzt: Nicht die Befolgung der Empfehlungen,

---

[9] Ziff. 5.1.2 ISO 37301.
[10] Grundsatz 4 des deutschen Corporate Governance Kodex 2022.

aber ihre Begründung bei Abweichung ist zwingend (comply or explain).[11] Einen eigenen Abschnitt zur Frage der Compliance-Kultur oder sonstige erhellende Ausführungen hierzu enthält der Kodex (jedenfalls derzeit) nicht.

3.5 Verbandsaktivitäten

Der Aktionskreis Leistungsträger (AKL) ist eine auf Initiative des Deutschen Führungskräfteverbandes ins Leben gerufene Arbeitsgemeinschaft, in der verschiedene Einzelverbände zu zahlreichen Themen kooperieren. Im Jahre 2010 legte der Kreis ein Arbeitspapier zum Thema Ethik vor. Das Ergebnis sind „10 Thesen zur Ethik der Wirtschaft",[12] die dem einen oder anderen möglicherweise als Handreichung für die Ausarbeitung eigener Grundsätze dienen können:

1. Ethik ist kein lästiges Hindernis, sondern elementare Voraussetzung für nachhaltigen wirtschaftlichen Erfolg.
2. Jeder ist mit seinem Handeln Vorbild für andere.
3. Gewinnstreben und ethisches Handeln können und müssen miteinander in Einklang gebracht werden.
4. Nachhaltigkeit ist ethisch.
5. Kontrolle ist gut, Vertrauen ist besser.
6. Haftung stärkt Verantwortung.
7. Persönliche Integrität ist das Rückgrat für einen verlässlichen Wertekompass.
8. Jeder ist ein Beteiligter!
9. Mut zur Fairness!
10. Wirtschafts- und Unternehmensethik muss verpflichtender Teil der Ausbildung werden.

---

[11] Präambel des deutschen Corporate Governance Kodex 2022.
[12] Hier zitiert nach idw-online (https://idw-online.de/de/news350094) zuletzt abgerufen am 13.03.2023.

3.6   U.S. Foreign Corruption Practices Act (FCPA)

In den USA wurden die Kriterien zur Feststellung von Nachhaltigkeit und Wirksamkeit von Compliance-Systemen durch die zuständigen Behörden DOJ (Department of Justice) und SEC (Securities and Exchange Commission) im sog. Resource Guide[13] definiert.

Ein wichtiger Bestandteil dieser Wirksamkeit ist eine belastbare Compliance-Kultur, die wiederum durch konkrete Maßnahmen zu implementieren und zu fördern ist:

> An effective compliance program promotes 'an organizational culture that encourages ethical conduct and commitment to compliance with the law'.[14]

Weitere Handreichungen erfolgen in Form einer Aufzählung der „Hallmarks of Effective Compliance Programs", die letztlich auch dazu dienen sollen, die angestrebte Compliance-Kultur zu fördern. Verlangt werden insbesondere:

- Ein ernst gemeintes Bekenntnis des Senior Managements zur Compliance
- Klar und verständlich verfasste Regelwerke
- Ein Code of Conduct und funktionierende interne Prozesse
- Installierung einer mit ausreichend Befugnissen und Mitteln ausgestatteten Institution zur Aufsicht und Überprüfung der eingeführten Regeln
- Regelmäßige Risikoanalysen (Root Cause Analysis und Lessons learned, regelmäßige Bestimmung von Schwachstellen im System auf Basis festgestellter Verstöße oder Unklarheiten)
- Training und fortlaufende Unterweisung aller Beteiligten
- Installation von Meldewegen und Ansprechbarkeit der Verantwortlichen
- Implementierung von Incentives und disziplinarischen Maßnahmen

---

[13] A Resource Guide to the U.S. Foreign Corrupt Practices Act, 2nd Edition 2020 by the Criminal Division of the U.S. Department of Justice and the Enforcement Division of the U.S. Securities and Exchange Commission.

[14] FCPA Resource Guide, 2nd Edition 2020, S. 56 unter Bezugnahme auf U.S. Sentencing Guidelines § 8B2.1 (a)(2).

- Geschäftspartnermanagement

Um dabei nicht in eine Check-the-box-Mentalität (Checklistenmentalität) zu verfallen, sondern den Unternehmen ausreichende Freiheiten für eine maßgeschneiderte, eigene Lösung zu bieten, bricht das DOJ die Anforderungen schließlich auf drei Leitfragen („basic questions") herunter:[15]

1. Is the company´s compliance program well designed?
2. Is it being applied in good faith? In other words, is the program adequately resourced and empowered to function effectively?
3. Does it work in practice?

Unmissverständlich klargestellt wird außerdem, dass eine Compliance-Kultur stets „at the top"[16] beginnt und sich eine „strong ehtical culture"[17] und ein „strong compliance program"[18] gegenseitig bedingen.

3.7 Der UK Bribery Act (2010)

In Großbritannien trat im Jahre 2011 ein Gesetz zur internationalen Bekämpfung der Korruption mit erheblichem Anwendungsbereich in Kraft. Für natürliche und juristische Personen, die geschäftlich in Großbritannien tätig sind, gilt: zero tolerance bei korruptiv motivierten Sachverhalten. Sollte ein Unternehmen auffällig werden, so kann eine aussichtsreiche Verteidigung lediglich auf den Nachweis eines adäquaten Compliance-Systems gestützt werden, welches nach 6 Prinzipen zu beurteilen ist, die das britische Justizministerium definiert hat und zu denen auch die Etablierung einer entsprechenden Kultur gehört:[19]

- Principle 1 – Proportionate procedures
- Principle 2 – Top-level commitment

---

[15] FCPA Resource Guide, 2nd Edition 2020, S. 57; Principles of Federal Prosecution of Business Organisations, U.S. Department of Justice Criminal Division – Evaluation of Corporate Compliance Programs, updated June 2020).

[16] FCPA Resource Guide, 2nd Edition 2020, S. 58.

[17] FCPA Resource Guide, 2nd Edition 2020, S. 58.

[18] FCPA Resource Guide, 2nd Edition 2020, S. 58.

[19] The Bribery Act 2010 – Guidance about procedures which relevant commercial organisations can put into place to prevent persons associated with them from bribing (section 9 of the Bribery Act 2010), abrufbar unter www.justice.gov.uk.

- Principle 3 – Risk Assessment
- Principle 4 – Due diligence
- Principle 5 – Communication (including training)
- Principle 6 – Monitoring and review

Unter „Principle 2" im Rahmen des Top-level commitment heißt es: „The top-level management of a commercial organisation are committed to preventing bribery by persones associated with it. They foster a culture within the organisation in which bribery is never acceptable".[20] Antikorruption sei dabei klare Leadership-Aufgabe und werde vor allem durch folgende Handlungsweisen erreicht:

- Auswahl und Training der oberen Management-Ebene
- Erstellung eines Code of Conduct
- Schärfung der Awareness innerhalb der Organisation (z. B. durch Richtlinien, Handreichungen, interne Prozesse) und gegenüber Dritten
- Entsprechender Außenauftritt und evtl. Zusammenarbeit mit externen Organisationen.
- Risk Assessment
- Kontrolle und Feedback

3.8   Conclusio/Learning

Festzuhalten ist: Das Vorhandensein einer belastbaren Compliance-Kultur ist auf dem Weg, sich von einem „nice to have" in eine verbindliche und prüfbare Voraussetzung eines ordnungsgemäßen Compliance-Management-Systems zu entwickeln. Entsprechende Kriterien sind noch nicht abschließend definiert. Klar ist jedoch, dass die bloße Existenz eines Regelwerkes bereits den aktuellen Maßstäben nicht mehr gerecht wird. Darüber hinaus lässt sich den bisherigen Ansätzen (richtigerweise) entnehmen, dass Compliance eng mit dem Bereich „ethical Leadership" verknüpft ist und die Unternehmensleitung wie auch das Management zunehmend in die Verantwortung genommen wird, nicht nur eine Compliance-Organisation einzurichten, sondern diese auch so auszustatten und vorzuleben, dass eine robuste Compliance-Kultur entsteht.

---

[20] The Bribery Act 2010 – Guidance (abrufbar unter www.justice.gov.uk), S. 23.

Tools und Bausteine für eine nachhaltige Compliance-Kultur

4

Um das ausgegebene Ziel einer nachhaltigen und belastbaren Compliance-Kultur zu erreichen, gibt es keine allgemeingültige Lösung. Zu beachten ist vielmehr die Individualität des Unternehmens selbst, seiner Mitarbeitenden und des Geschäftskonzepts. Schon das LG München I urteilte, dass entscheidend für den Umfang eines Compliance-Management-Systems „Art, Größe und Organisation des Unternehmens, die zu beachtenden Vorschriften, die geografische Präsenz wie auch Verdachtsfälle aus der Vergangenheit"[1] seien. Die Beurteilung einer vorgelagerten Compliance-Kultur verlangt die Beachtung weiterer, individueller Voraussetzungen. Notwendig ist ein tiefes Verständnis des jeweiligen Unternehmens und seiner definierenden Parameter wie beispielsweise: Businesscase, Strategie, Unternehmensgröße, anwendbare (Rechts-)Normen, kulturelle und wirtschaftliche Kontexte, interne Strukturen, anwendbare Technologien, Prozesse, interne Regelwerke, eventuell weitere involvierte Personen und/oder Geschäftspartner.[2]

Im Folgenden werden eine ganze Reihe möglicher Stellschrauben dargestellt, die die Entwicklung einer Compliance-Kultur begünstigen. Nicht jede mag auf jedes Unternehmen anwendbar sein – in ihrer Gesamtheit sollte die Aufzählung aber geeignet sein, gleichsam eines Baukastensystems Anwendungsbereiche für die eigenen Compliance-Bemühungen zu eröffnen oder wenigstens Inspiration hierfür zu sein.

---

[1] BGH NZG 2014, 345 ff.

[2] Aufzählung in Anlehnung an ISO 37301, Ziff. 4.1 und 4.2.

© Der/die Autor(en), exklusiv lizenziert an Springer Fachmedien Wiesbaden GmbH, ein Teil von Springer Nature 2023
V. Veit, *Compliance-Kultur und Unternehmensethik*, essentials,
https://doi.org/10.1007/978-3-658-40785-8_4

4.1   Strukturelle Integrität

In vielen Unternehmen, in denen massive Compliance-Verstöße festgestellt werden, sind diese – entgegen der regelmäßigen öffentlichen Darstellung – keine Ausreißer, sondern häufig die Folge eines internalisierten Wertesystems, welches durch die jeweilige Einheit (bewusst oder unbewusst) vorgegeben wurde. So wird sich mit einiger Wahrscheinlichkeit trotz eines ausgefeilten Regelwerks zur Antikorruption keine nachhaltige Rechtstreue einstellen, wenn der Vertriebsdruck hoch ist und lediglich unmittelbar umsatzförderndes Verhalten angemessen incentiviert wird. Werden darüber hinaus auch Karriereentscheidungen wie Beförderungen überwiegend auf Basis kurzfristiger, wirtschaftlicher Erfolge getroffen, besteht die Gefahr, dass wichtige Positionen durch Menschen besetzt werden, die eben diese Ziele verkörpern. In der Folge dreht sich das Rad immer schneller: in verantwortliche Positionen erhoben, werden diese Menschen ihre Werte, Überzeugungen und Erfolgsrezepte an die nachfolgenden Hierarchiestufen weitergeben und solche Mitarbeitende fördern, die ebenso denken. Die so entstehende Unternehmenskultur wirkt einer Integrität entgegen und lässt die Frage aufkommen, ob eine solche überhaupt tatsächlich gewünscht ist.

> **Beispiel**
>
> Wird ein Mitarbeiter für seine Integrität und Verbindlichkeit allenthalben gelobt und geschätzt, bei Karriereentscheidungen jedoch stets übergangen und auch nicht in den inneren Kreis der wirtschaftlich besonders Erfolgreichen aufgenommen, die sich regelmäßig zum Mittagessen und zu privaten Aktivitäten am Abend treffen, so wird er sein (eigentlich korrektes) Verhalten mit einiger Wahrscheinlichkeit kritisch überdenken. Dies jedenfalls dann, wenn er feststellt, dass der innere Kreis es mit der Integrität nicht sonderlich genau nimmt. ◄

Davon ausgehend, dass sich die Werte eines Individuums durch deren Eingliederung in ihre Umwelt, durch Anpassung an die dort vorherrschenden Werte, Normen, Ziele und Verhaltensweisen entwickeln,[3] ist dies eigentlich kein überraschender Befund. Dennoch wird in vielen Unternehmen dem Zusammenspiel zwischen der Durchsetzung unternehmenseigener ethischer Ziele, dem Vorbildcharakter der Führungskräfte und der Kommunikation von (wirtschaftlichen) Zielen zu wenig Aufmerksamkeit geschenkt.

---

[3] Dittmers, Werteorientiertes Compliance-Management, S. 103 unter Hinweis auf Bögel, in: Frey/Rosenstiel/Hoyos, Wirtschaftspsychologie, S. 322; siehe auch hier Ziff. 2.2.

Ein struktureller Ansatz könnte es im Übrigen sein, eine neue Kategorie der Machbarkeitsanalyse einzuführen und nicht nur die finanziellen und technischen Risiken gemeinsam zu bewerten, sondern auch die Compliance-Risiken und Implikationen für das unternehmensinterne Wertesystem, die der jeweilige Business Case mit sich bringt.[4]

4.2 Compliance ist Leadership

Es gibt einen Unterschied zwischen Management und Leadership. Das Management verwaltet bereits bestehende Strukturen und Regeln, während Führung im Idealfalle bedeutet, Menschen für eine Idee zu begeistern, die diese dann zu ihrer eigenen machen oder wie eine eigene verfolgen. Letzteres ist im Falle der Compliance besonders wichtig. Sinnvoll im Rahmen der Compliance ist eine vertrauensbasierte Führungskultur, die sich auf eine breite Beteiligung stützt, von Kontinuität und Unterstützung geprägt ist und deren Protagonisten eine hohe Glaubwürdigkeit besitzen.[5]

4.3 Vorbild sein und Vorbilder schaffen

Es kann nicht oft genug betont werden: Compliance ist Chefsache! Dies wird durch das Gesetz in § 130 OWiG verankert und gilt ebenso nach den einschlägigen gesellschaftsrechtlichen Regelungen. Eine Delegation der Aufgaben – zum Beispiel an die Compliance-Abteilung – ist möglich, entbindet die Geschäftsleitung aber nicht von ihrer Verantwortung.

Auch jenseits einer rechtlichen Einstandspflicht ist es für das Gelingen sämtlicher Compliance-Bemühungen unverzichtbar, dass alle Leitungspersonen (egal auf welcher Ebene) für Compliance einstehen (Tone from the Top, Tone from the Middle) und mit gutem Beispiel vorangehen (Walk the Talk).[6] Vor dem Hintergrund, dass Mitarbeiter sich bei der Ausprägung ihrer Werte an ihrem

---

[4] Vgl. Moosmayer, Compliance, Rn. 210 ff.

[5] Inderst/Bannenberg/Poppe, Compliance, 3. Auflage (2017), Rn. 218.

[6] Fissenewert, Compliance für den Mittelstand, 2. Auflage (2017), Rn 22; Jahn/Guttmann/Krais, Krisenkommunikation bei Compliance-Verstößen, Kap. 1, Rn. 13; vgl. auch Moosmayer, Compliance, Rn. 370.

Umfeld orientieren,[7] ist es besonders wichtig, dass ethische Standards und konkrete Anforderungen klar definiert und vorgelebt werden. Dabei tritt ein nicht zu unterschätzender **Kaskadeneffekt** ein: Entlang der Berichtslinien und darüber hinaus geschieht die Inspiration von oben nach unten. So steht die Geschäftsleitung im direkten Austausch mit dem oberen Management, diese wiederum haben direkten Einfluss auf das mittlere Management und so fort. Je weiter oben eine Unterbrechung der wertegetragenen Inspiration geschieht, desto verheerender wirkt sich dies auf das gesamte Unternehmen aus („you can´t be what you can´t see")[8].

Jeder Führungsperson im Unternehmen sollte klar sein, dass es letztlich von ihr abhängt, welcher Geist in einem Unternehmen herrscht.[9] Das Top-Management sollte sich bewusst machen, dass seine treibende Kraft und ein entsprechendes „Involvement"[10] entscheidenden Einfluss auf die entstehende Kultur haben – in die eine wie auch in die andere Richtung. Dabei darf sich das Management nicht in Zuständigkeitsscharmützeln verlieren – Compliance geht alle an! Damit verbundene Rollen oder übernommene Aufgaben sollten demgemäß kollegial gestärkt und mit offenen Türen belohnt werden. Nicht zuletzt bietet eine konsequent werteorientierte Führung Sicherheit und Orientierung bei unternehmerischen Entscheidungen und verhindert, dass Regeln – möglicherweise sogar zum vermeintlichen Wohle des Unternehmens – gebrochen werden, weil jedes Individuum im Rahmen seiner individuellen Überzeugungen und Möglichkeiten selbst entscheiden muss.[11]

4.4   Verantwortung des Managements definieren

Um die vorstehenden Grundsätze zu stärken und Lippenbekenntnisse der Beteiligten zu vermeiden, bietet es sich regelmäßig an, die Einhaltung von ethischen Grundsätzen und Compliance-Vorschriften innerhalb eines Unternehmens strukturell der jeweiligen Managementebene zuzuweisen. Im Falle eines Compliance-Verstoßes wird also nicht nur der involvierte Mitarbeiter zur Verantwortung gezogen, sondern auch untersucht, ob das vorwerfbare Verhalten nicht durch

---

[7] S.o. Ziff. 2.2.

[8] Zitat wohl ursprünglich auf die amerikanische Aktivistin Marian Whright Edelman zurückgehend, inzwischen aber zahlreich adaptiert.

[9] Fissenewert, Compliance für den Mittelstand, 2. Auflage (2017), Rn. 22.

[10] Fissenewert, Compliance für den Mittelstand, 2. Auflage (2017), Rn. 45.

[11] Inderst/Bannenberg/Poppe, Compliance, 3. Auflage (2017), Rn. 203, 219.

die jeweils zuständige Managementebene hätte verhindert werden können und müssen. Auf diese Weise wird die Motivation der jeweiligen Vorgesetzten, sich auch für diese Themen verantwortlich zu zeigen, um ein Vielfaches gesteigert. Außerdem wird dem häufigen Problem begegnet, dass die Compliance-Abteilung naturgemäß eine gewisse Distanz zu den Arbeitsabläufen innehat und nicht so häufig und direkt mit den Mitarbeitern im Austausch steht, wie der direkte Vorgesetzte.[12]

4.5 Compliance at the table

Zu einer stabilen Compliance-Kultur gehört es auch, Themen der Ethik, Integrität und Regeltreue nicht allein auf die Bereiche Recht und Compliance auszulagern. Denn dies führt häufig dazu, dass auch die Mitarbeitenden das Thema nicht in die Mitte ihrer Aufmerksamkeit rücken. Gleiches gilt für die Einbindung der Compliance-Abteilung, die stets umfangreich und auf Augenhöhe geschehen sollte („Compliance at the table"). Wenn die Geschäftsleitung ausschließlich über Zahlen und nur die anderen – im schlimmsten Falle schlecht ausgestatteten und nicht ernst genommenen – Abteilungen über Werte und Integrität sprechen, liegt der Schluss nahe, dass im Zweifel doch dem wirtschaftlichen Erfolg der Vorrang eingeräumt wird.

4.6 Sich gegenseitig ernst nehmen und Perspektivwechsel zulassen

Die formal für Compliance Verantwortlichen sollten sich klar machen, dass sie zwar üblicherweise das Regelwerk besser beherrschen und die den Compliance-Überlegungen zugrunde liegenden Gesetze und Prozesse besser kennen; das operative Geschäft verantworten jedoch andere. Es ist damit zu rechnen, dass gut gemeinte und im Rahmen der Möglichkeiten der Compliance-Abteilung durchdachte Regelungen schließlich an der Front nicht funktionieren. Entsprechende Eingaben (regelmäßig durch die am meisten betroffenen Bereiche Einkauf und Vertrieb) sollten daher ernst genommen und nicht etwa als Hinweis besonderer Renitenz gewertet werden. So können die Abteilungen voneinander lernen und

---

[12] Vgl. auch der von Moosmayer dargestellte Ansatz bei Siemens: „Die Verantwortung für Compliance liegt letztlich beim Management, die Compliance Organisation stellt hierzu die Prozesse zur Verfügung". Moosmayer, Compliance, 3. Auflage 2015, Rn. 368.

die operativen Einheiten fühlen sich im Bestfalle so verstanden, dass sie bereit sind, auch einschränkende Regelungen als notwendig zu akzeptieren.

4.7   Kein „Double Talk"[13]

Wer Integrität in sein Unternehmen bringen will, der sollte sich auch persönlich integer zeigen. Auch dann, wenn man sich unbeobachtet fühlt. Bemühungen, sich eine möglichst schlanke Compliance-Richtlinie aus dem Internet auszudrucken oder die höfliche Nachfrage, ob „das mit den Geschenken und so" denn jetzt auch für die Geschäftsführung gelte, sind ersichtlich kontraproduktiv. Man möge sich nur einmal den Effekt auf das Werteverständnis der Belegschaft vorstellen, wenn diese Weihnachtsgeschenke von Geschäftspartnern, die einen Wert von 5–10 € überschreiten, zurückschicken oder mindestens melden muss, während sich bei der Geschäftsleitung die Pakete der Luxushersteller stapeln und das Sekretariat mit der Koordination der zahlreichen hochpreisigen Essenseinladungen befasst ist.

Gleiches gilt für despektierliche Äußerungen über die Compliance-Abteilung oder einzelne Mitarbeiter. Wer deren Bemühungen hinter vorgehaltener Hand als „Chichi" bezeichnet oder durch die Suche von Schlupflöchern konterkariert, der braucht sich nicht zu wundern, wenn auch die nachgeordneten Einheiten es mit der Integrität nicht so genau nehmen und fördert zugleich eine kaum noch zu beherrschende Subkultur im Unternehmen.

Regelmäßig werden im beruflichen Sozialisationsprozess, in dem sich Verbote und Gebote einprägen sollten, auf diese Weise doppelzüngige Signale gesendet, die dem ehrgeizigen Mitarbeiter vermitteln, das eigentlich verbotene Verhalten sei erwünscht und trage zum persönlichen Erfolg bei.[14] Durch das bestehende Anreizsystem wird – beispielsweise korruptes – Verhalten nicht nur geduldet, sondern belohnt und durch fehlende Kontrollen unterstützt.[15] Bei den Mitarbeitern entsteht auf dieses Weise die Überzeugung, der eigentliche Regelbruch bestehe darin, sich an die Compliance-Richtlinien zu halten.

Eine Doppelbotschaft sendet im Übrigen auch die Geschäftsleitung, die teure Schulungen einkauft oder durch die Compliance-Abteilung organisieren lässt und

---

[13] SEC Speech (Second Annual General Counsel Roundtable) by Stephen M. Cutler, Director, Division of Enforcement U.S. Securities and Change Commission, Washington D.C. December 3, 2004 (https://www.sec.gov/news/speech/spch120304smc.htm).

[14] Bannenberg, Korruption in Deutschland, S. 351, 352.

[15] Bannenberg, Korruption in Deutschland, S. 352.

dann selbst nicht teilnimmt oder nach einigen warmen Einführungsworten wieder verschwindet, um der „richtigen" Arbeit nachzugehen.

4.8 Nachhaltige Personalpolitik

Natürlich kann kein Unternehmen garantieren, nur charakterlich einwandfreie Mitarbeiter einzustellen (was im Übrigen die Frage aufwerfen würde, was eigentlich unter einem einwandfreien Charakter zu verstehen ist). Durchaus abgefragt werden kann jedoch die Risikogeneigtheit eines potenziellen Bewerbers, dessen Vorgeschichte und seine Bereitschaft, sich dem Wertesystem des Unternehmens anzuschließen. Ebenso können Erkenntnisse dazu gewonnen werden, inwieweit das (unbedingte) Streben nach eigenem Vorteil ein persönlicher Wert ist und wie es um die Risikoaffinität einer Person steht. Zwar gibt es – wie gesehen[16] – keine verlässlichen Prädiktoren für eine wirtschaftskriminelle Karriere, regelmäßig wiederkehrende Eigenschaften lassen sich jedoch durchaus beobachten. Steht sodann der nächste Karriereschritt an, sollten Compliance-Themen zum Teil der Beförderungsentscheidung gemacht werden: liegen Hinweise auf (gehäuftes) Fehlverhalten vor? Laufen interne oder behördliche Untersuchungen? Wie hat sich die jeweilige Person bisher zum Thema Integrität verhalten?

4.9 Incentives

Personalpolitik beschränkt sich jedoch nicht nur auf Neueinstellungen und Beförderungen. Auch die Frage nach Incentives und die Möglichkeit, leistungsbezogene Gehaltskomponenten angesichts von Defiziten bei der Einhaltung und/oder Umsetzung von Compliance-Anforderungen deutlich zu reduzieren,[17] sind unverzichtbar für die Botschaft einer nachhaltigen und ernst gemeinten Compliance-Kultur. Nur so wird deutlich, dass die Einhaltung von Regeln ebenso wichtig ist, wie der wirtschaftliche Erfolg.

Mit den Worten von Stephen M. Cutler, Director, Division of Enforcement der U.S. Security and Exchange Commission (SEC):[18]

---

[16] Siehe Ziff. 2.1 ff.

[17] Beispiel bei Moosmayer, Compliance, Rn. 390.

[18] SEC Speech (Second Annual General Counsel Roundtable) by Stephen M. Cutler, Director, Division of Enforcement U.S. Securities and Change Commission, Washington D.C. December 3, 2004 (https://www.sec.gov/news/speech/spch120304smc.htm), zitiert im FCPA Resource Guide 2020, S. 61.

Make integrity, ethics and compliance part of the promotion, compensation and evaluation processes as well. For at the end of the day, the most effective way to communicate that „doing the right thing" is a priority, is to reward it. Conversely, if employees are led to believe that, when it comes to compensation and carreer advancement, all that counts is short-term profitability, and that cutting ethical corners is an acceptable way of getting there, they'll perform to that measure. To cite an example from a different walk of life: a college football coach can be told that the graduation rates of his players are what matters, but he'll know differently if the sole focus of his contract extension talks or the decision to fire him is his win-loss record.

4.10   Training und Weiterbildung

Zu einer nachhaltigen Personalpolitik gehört es auch, die einmal eingestellten Mitarbeiter nachhaltig zu führen und anzuleiten. Alle Mitarbeiter sollten mit einer grundsätzlichen Sensibilität (Awareness) in Bezug auf mögliche kriminelle Handlungsweisen ausgestattet werden, um etwaige Tendenzen in den eigenen Reihen erkennen zu können.

Dabei sind der Fantasie bei der Ausgestaltung von Trainingskonzepten keine Grenzen gesetzt. Frontalschulungen zu häufig als langweilig empfundenen Rechtsthemen sollten die Ausnahme darstellen und sinnvoll durch Möglichkeiten des angeleiteten, eigenen Erlebens und Erschließens ergänzt werden. Als sinnvoll erweisen sich regelmäßig Konzepte, die konkrete Vorkommnisse aus dem Unternehmen besprechen, Diskussionsrunden, Dilemmata-Trainings[19] und kurze (Video-) Einheiten zu aktuellen Themen. Informationen zu psychologischen Hintergründen (was sind typische Verhaltensweisen bei korruptiven Sachverhalten, welche Mechanismen wirken beim Austausch von Geschenken etc.). Auf diese Weise werden Mitarbeitende abgeholt, die mögliche Dilemmasituationen nicht als solche erkennen oder sich vermeintlich falsch entscheiden. Das Ziel ist es dabei nicht, ein generelles Misstrauen gegenüber anderen Marktteilnehmern und Geschäftspartnern zu schüren, sondern die Sinnhaftigkeit bestimmter Verhaltensregeln zu vermitteln und unbedachte Verhaltensweisen zu vermeiden. Auch das Aufzeigen von Worst-Case-Szenarien oder einem realistischen Entdeckungsrisiko zeigen oft Wirkung und können gleichermaßen der Aufklärung wie der Abschreckung dienen. Ergänzt werden kann das Angebot durch ein gut gepflegtes (!) Intranet und regelmäßige Feedbackrunden.

---

[19] Empfehlenswert ist die Durchführung von Dilemmata-Diskussionen (z. B. nach der Konstanzer Methode der Dilemma-Diskussion), um den Blick der Beteiligten für andere oder neue Denkmuster zu öffnen. Weiterführend auch Lind, How to teach morality, 2019.

4.11 Fehlerkultur pflegen

Inzwischen gehört es zum kleinen Einmaleins der Compliance, strukturelle Fehler zu erkennen und zu beheben (root cause analysis, prior weakness, lessons learned). Zurückhaltender sind die Unternehmen traditionell mit dem Einräumen und Besprechen persönlicher Erfahrungen. Dabei gehört zu einem offenen Austausch auch, mögliche Fehlentscheidungen und Erfahrungen zu teilen, um andere daran teilhaben zu lassen. So wird klar, dass durch alle Hierarchiestufen hindurch Unsicherheiten bestehen und Fehler geschehen. Eine entsprechende Offenheit ist außerdem geeignet, als Gesprächsaufhänger zu dienen, sollte sich jemand in einer ähnlichen Situation befinden. Es gilt, einen Fehler als Chance zur Weiterentwicklung aller zu begreifen und nicht als persönliche Verfehlung, die nicht toleriert wird und daher geheim zu halten ist. Zudem schweißt das Gefühl eines gemeinsamen Lernprozesses zusammen und lädt dazu ein, eigene Ideen zu teilen und neue Verhaltensweisen zu probieren.[20]

Dies gilt im Übrigen nicht nur für Fehler im Bereich der Compliance, sondern im gesamten Unternehmen. Nicht selten beginnt die Geschichte namhafter Rechtsverstöße mit dem Wunsch, einen Fehler zu vertuschen oder schlechte Management-Entscheidungen zu verschleiern, um negative Effekte auf die persönliche Karriere zu vermeiden.

4.12 Konsequenz

Hat das Unternehmen sich einmal für Compliance-Ziele und Grundsätze entschieden, müssen diese konsequent vorgelebt, verfolgt und durchgesetzt werden. Dazu gehört auch und vor allem die Inkaufnahme finanzieller Nachteile zur Erhaltung der Integrität. In aller Klarheit: will das Unternehmen seine Compliance-Ziele ernsthaft umsetzen, muss es bereit sein, auf Aufträge zu verzichten oder diese zu verlieren, wenn diese nur durch die Verletzung ethischer Grundsätze oder gesetzlicher Vorschriften zu erlangen sind. „Only clean business is business."[21]

Dies gilt auch für Personalentscheidungen. Hier muss das Unternehmen bereit sein, einen „Rainmaker" zu entlassen oder dessen Kündigung zu akzeptieren, wenn dieser sich nicht an die intern ausgerufenen Regeln halten will und ihm mit den zur Verfügung stehenden Mitteln (Schulungen, Gespräche, Abmahnungen)

---

[20] Vgl. Fissenewert, Compliance für den Mittelstand, 2. Auflage (2017), Rn. 57a.
[21] Vgl. der damalige Vorstandsvorsitzende der Siemens AG, Peter Löscher: „Only clean business is Siemens business" – zitiert nach Moosmayer, Compliance, Rn. 366.

nicht beizukommen ist. Traditionell fürchten Unternehmen dabei die Gefahr, der wirtschaftlich sehr erfolgreiche Mitarbeiter werde zur Konkurrenz wechseln und dort aufgrund der weniger strengen Regeln weiterarbeiten und Erfolge verbuchen können. Bei konsequenter Umsetzung der eigenen Standards müsste dies jedoch akzeptiert werden.

4.13   Authentizität und Emotionalität

„Wenn man die Herzen einer breiten Masse erreicht, werden ganz andere Kräfte geweckt",[22] heißt es. Dazu gehört es ebenso, das Warum von Neuerungen, Änderungen und Regeln zu erklären, wie auch, dies mit entsprechender Authentizität als eigenes Anliegen zu vermitteln und nicht fortwährend zu betonen, dass Rechtsprechung und Gesetzgebung zu diesen eigentlich unliebsamen Schritten zwingen. Um die Belegschaft auch emotional zu erreichen, bieten sich entsprechend formulierte Ansprachen, aber auch das gemeinsame Finden neuer Leitbilder („Leuchttürme") des Unternehmens an, die einen gemeinsamen Weg in die Zukunft aufzeigen.[23] Im Idealfalle begreifen sich schließlich alle Beteiligte als Teil einer gemeinsamen Mission, die sie im Rahmen ihrer eigenen Möglichkeiten fördern können und wollen.

4.14   Transparenz und Fairness

Ein wesentlicher Motor für Integrität und Regeltreue ist die persönliche Zufriedenheit. In Bezug auf das Arbeitsleben bedeutet dies mindestens eine wertschätzende Behandlung, angemessene Aufstiegschancen und das Vertrauen in faire und nachvollziehbare Entscheidungen. Eine Unwucht entsteht immer dann, wenn Entscheidungen getroffen oder Regeln aufgestellt werden, die als ungerecht empfunden werden und/oder die sich dem Einzelnen nicht erschließen. Aus der so entstehenden Unzufriedenheit kann sich neben schlechter Stimmung im Unternehmen bei dem scheinbar grundlos übergangenen oder abgekanzelten Mitarbeiter ein Handlungsdruck ergeben, der dazu führt, dass er nun andere Wege beschreitet, um seine Ziele zu erreichen.

---

[22] Fissenewert, Compliance für den Mittelstand, 2. Auflage (2017), Rn. 46.
[23] Fissenewert, Compliance für den Mittelstand, 2. Auflage (2017), Rn. 57a.

Beispiel

Ein sehr engagierter Mitarbeiter wird bei der Neubesetzung einer höheren Position übergangen. Die Gründe hierfür werden ihm nicht mitgeteilt. Er vermutet daher, dass der ihm vorgezogene Kollege bessere Umsätze macht. Im besten Falle fühlt er sich nun motiviert, auch an seinen Zahlen zu arbeiten, um die nächste Chance für eine Beförderung zu nutzen. Es besteht jedoch die Gefahr, dass er, sollte sich die Chance zu einer Umsatzsteigerung mittels der Erlangung von Aufträgen durch Schmiergelder ergeben, diese ergreift. ◄

Unbedingt vermieden werden sollte in diesem Zusammenhang auch, Mitarbeiter dauerhaft zu übersehen oder ihren Bedürfnissen keine ausreichende Aufmerksamkeit zu schenken. Hierdurch wird vermieden, dass sie sich die erwünschte Sichtbarkeit auf andere Weise verschaffen.[24]

4.15 Kommunikation

Die Compliance-Kommunikation stellt eine unmittelbare Schnittstelle zwischen dem Compliance Management System (CMS) und dessen Wirksamkeit dar.[25] Neben der zielgruppengerechten Aufbereitung und Adressierung des bestehenden Regelwerkes geht es vor allem darum, die Belegschaft in den fortwährend in der Entwicklung befindlichen Prozess der Etablierung und des Erhalts einer Compliance-Kultur einzubeziehen. Wichtig ist in diesem Zusammenhang, dass wichtige neue Nachrichten („Rumors") zeitnah aufgegriffen, eingeordnet und besprochen werden, um eine Legendenbildung via „Flurfunk" zu vermeiden. Dabei ist wichtig, dass gegenüber allen Zielgruppen die Grundaussage die Gleiche bleibt und kommunizierte Linien konsequent beibehalten werden. Sollte hiervon – was manchmal nötig sein mag – abgewichen werden, so ist auch dies nachvollziehbar zu erklären.

Im Übrigen gilt: Kommunikation ist keine Einbahnstraße, sondern erfordert auch die Fähigkeit des Zuhörens. So soll das Ziel einer funktionierenden Compliance-Kultur nicht die Erschaffung von „Compliance-Robotern" sein, die sich unreflektiert an Regeln halten – die Weiterentwicklung des Compliance-Systems und der Unternehmenskultur setzt vielmehr gerade den gegenseitigen Austausch voraus. So muss Kritik an vorhandenen Regeln oder die Meldung

---

[24] Zum Täterprofil des Vernachlässigten Heißner, Erfolgsfaktor Integrität, S. 62.

[25] Inderst/Bannenberg/Poppe, Compliance, 3. Auflage (2017), Rn. 188.

von Schwierigkeiten bei deren Umsetzung geradezu erwünscht sein, um eine produktive Auseinandersetzung zu fördern und Compliance zu einem offenen, lebendigen Thema zu machen.

4.16   Individuelle Unterstützung – Open Doors

Um zu vermeiden, dass falsche Entscheidungen aus Unwissenheit, Unsicherheit oder falsch verstandener Loyalität heraus getroffen werden, ist es wichtig, eine offene Gesprächskultur zu pflegen. So muss es Mitarbeitern auch außerhalb von turnusmäßigen Ansprachen und Schulungen möglich sein, sich Rat zu holen oder Probleme zu diskutieren. Die Kriminalistik lehrt außerdem, dass Verfehlungen nicht selten auf Hilflosigkeit und das Fehlen von Vertrauenspersonen zurückzuführen sind.[26] Dieser Gefahr kann durch Offenheit, Aufmerksamkeit und individuelle Gesprächsangebote wirksam begegnet werden.

Ein nicht zu unterschätzender Nebeneffekt der Möglichkeit der persönlichen Adressierung von Sorgen und Problemen ist außerdem der Erkenntnisgewinn. Im vier-Augen-Gespräch werden möglicherweise Strömungen und Zusammenhänge erläutert, die bisher noch nicht bekannt waren.

4.17   Meldewege

Wer sich trotz Open-Door-Policy nicht traut, Beobachtungen im persönlichen Gespräch mitzuteilen, für den sollten anonyme Möglichkeiten geschaffen werden. Die Einrichtung von Whistleblower-Hotlines und der Schutz des Whistleblowers sind im Übrigen in bestimmten Konstellationen bereits gesetzlich vorgeschrieben.[27] Wichtig ist, dass entsprechende Tools leicht zu erreichen, zu verstehen und zu nutzen sind. Dringend zu empfehlen ist außerdem die Ermöglichung einer Zwei-Wege-Kommunikation, um Nachfragen stellen oder erste Ermittlungsergebnisse und Fortschritte teilen zu können (follow-up and re-adress). Damit entsprechende Angebote auch genutzt werden, empfiehlt sich die Förderung einer Speak-up Kultur. Im Einklang mit dem Vorgesagten gilt es, durch Vorbildcharakter, Fehlerkultur und offene Türen zu signalisieren, dass Compliance-Themen

---

[26] Heißner, Erfolgsfaktor Integrität, S. 29.

[27] EU-Richtlinie 2019/1937; Umsetzung in nationales Recht durch „Entwurf eines Gesetzes für einen besseren Schutz hinweisgebender Personen sowie zur Umsetzung der Richtlinie zum Schutz von Personen, die Verstöße gegen das Unionsrecht melden".

keine Schmuddel-Themen sind, die hinter vorgehaltener Hand diskutiert werden, und dass entsprechende Meldungen dem Unternehmen nicht schaden, sondern am Ende nutzbringend für ein funktionierendes Compliance-System sind.

4.18   Geschäftspartnerkontrolle

Die eigene Haltung zu Integrität und Regeltreue sollte – unabhängig von aber natürlich im Einklang mit bestehenden rechtlichen Vorgaben wie dem Lieferkettensorgfaltsgesetz – über die Grenzen des eigenen Unternehmens hinaus sichtbar gemacht werden. Dies unterstreicht den Vorbildcharakter im Markt und kann helfen, auch andere Unternehmen zu mehr Rechtstreue zu motivieren. Im Idealfalle werden korrupte Geschäftspartner unmittelbar aussortiert und damit ein integres Umfeld unterstützt. Dadurch werden die eigenen Mitarbeiter weniger in Versuchung geführt.

4.19   Zuständigkeiten definieren

Wer hat die Befugnis was zu tun? Wer ist verantwortlich für welche Entscheidungen? Nichts ist frustrierender für Mitarbeitende, als stets weiterverwiesen zu werden und dann doch keine verbindliche Rückmeldung oder Entscheidung zu erhalten. In der Folge wird der Betroffene seine Entscheidungen selbst treffen und/oder seiner Unzufriedenheit und Unsicherheit Raum geben. Daneben hilft die klare Definition von Zuständigkeiten auch dabei, im Zweifelsfalle die richtigen Personen zur Verantwortung ziehen zu können.

4.20   Kontrolle – aber mit Augenmaß

Es konnte in verschiedenen Studien[28] nachgewiesen werden, dass Unternehmen, die ihr Compliance-System lediglich auf Befehl und Kontrolle aufbauen, mit diesem Ansatz deutlich weniger erfolgreich sind als solche, die einen auf Integrität und Ethik ausgerichteten Ansatz verfolgen.[29] Hohe Strafandrohungen und das

---

[28] Trevino et al. (1999, S. 136); Tyler/Blader (2005, S. 1153); Posey/Bennett/Lowry 2011, S. 37 f.) zit. nach Rose, die Schattenseiten der Compliance, Control Manage Rev. 2021, 50–53 (https://www.ncbi.nlm.nih.gov/pmc/articles/PMC7941407/).

[29] Dittmers, Werteorientiertes Compliance-Management, S. 74 unter Hinweis auf DeStefano, HBLJ 2914, 71 (160).

Installieren von Abschreckungsmaßnahmen als treibende Kraft der Compliance kann sogar das Gegenteil bewirken und die Tendenz zu unerwünschtem Verhalten steigern.[30]

Die Gründe dafür sind vielfältig und können hier nur auszugsweise wiedergegeben werden. So führt ein auf Gehorsam ausgerichtetes Compliance-System mitunter dazu, dass Regeln nicht reflektiert und verinnerlicht, sondern blind befolgt werden. Dies ist insbesondere vor dem Hintergrund der Erkenntnis schädlich, dass Compliance-Überlegungen häufig in Dilemmasituationen angestellt werden müssen, die naturgemäß eine vorgegebene schwarz-weiß-Entscheidung nicht zulassen.[31] Darüber hinaus strahlt diese Art von System ein wenig wertschätzendes Menschenbild aus. Es versteht Mitarbeiter „als rationale Maximierer ihres Eigeninteresses, die nur auf ihren persönlichen Nutzen ausgerichtet sind und Entscheidungen gleichgültig der der moralischen Legitimation treffen"[32] und stellt diese erst einmal unter Generalverdacht.[33] Schließlich reagieren Mitarbeiter auf eine (empfundene) Überregulation mitunter mit einem hohen Maß an Reaktanz und haben „dann das dringende Bedürfnis, ihre (innere) Freiheit wiederherzustellen".[34] Dabei greifen sie bisweilen auch zu unvernünftigen Mitteln oder verweigern ohne nachvollziehbaren Grund den Gehorsam.[35] Räumt man ihnen hingegen ein angemessenes Maß an Selbstbestimmung ein, steigt die Zufriedenheit und damit die Motivation der Regeltreue in gleichem Maße, wie die Mitarbeiter sich als Urheber ihres Handelns erleben.[36]

Auf der anderen Seite konnte jedoch auch nachgewiesen werden, dass insbesondere Wirtschaftsstraftäter oft solche sind, die eine Situation als günstige Gelegenheit erkannt und ausgenutzt haben.[37] Die als günstige Gelegenheit bewertete Situation wiederum zeichnet sich nach den bisherigen Forschungsergebnissen

---

[30] Dittmers, Werteorientiertes Compliance-Management, S. 75 unter Hinweis auf DeStefano, HBLJ 2914, 71 (164).

[31] Vgl. auch Heißner, Erfolgsfaktor Integrität, S. 168.

[32] Dittmers, Werteorientiertes Compliance-Management, S. 75.

[33] Heißner, Erfolgsfaktor Integrität, S. 168.

[34] Rose, die Schattenseiten der Compliance, Control Manage Rev. 2021, 50–53 (https://www.ncbi.nlm.nih.gov/pmc/articles/PMC7941407/).

[35] Lowry/Moody 2015, S. 434 ff.

[36] Rose, die Schattenseiten der Compliance, Control Manage Rev. 2021, 50–53 (https://www.ncbi.nlm.nih.gov/pmc/articles/PMC7941407/).

[37] Dittmers, Werteorientiertes Compliance-Management, S. 82; so auch das bekannte „Fraud Triangle", welches den Weg zur Wirtschaftskriminalität mit dem Zusammenspiel aus Gelegenheit, Rechtfertigung und Motivation erklärt.

vor allem durch ein Kontrolldefizit aus.[38] Ein langfristiges Entdeckungs- und Sanktionierungsrisiko wird regelmäßig nicht in Betracht gezogen, verharmlost oder ignoriert.[39] Hier können Compliance-Management-Systeme Abhilfe schaffen, indem sie durch Ansprache, Kontrolle und Sanktionierung etwaige Kontrolllücken so gut wie möglich schließen – eine tatsächlich langfristige Verhaltenssteuerung ist aber nur möglich, wenn die Anwendung dieser Tools mit Augenmaß geschieht und im Übrigen die Vermittlung und der Erhalt von Werten im Mittelpunkt steht. Denn: Werte haben einen positiven Einfluss auf die Normakzeptanz und die Normakzeptanz beeinflusst das potenziell delinquente Verhalten.[40]

4.21 Digitalisierung: Chance und Risiko zugleich

Homeoffice und mobiles Arbeiten sind fester Bestandteil der Arbeitswelt geworden. Gemeinschaft ergibt sich nicht mehr automatisch durch gemeinsame Lunch-Breaks oder den gemeinsamen Kaffee gegen das Motivationstief am Nachmittag, sondern wird im Rahmen einzelner Bürotage oder sog. Offsites hergestellt, zu denen man sich an geeigneten, oftmals besonderen, Orten versammelt, um Austausch und konzentrierte Zusammenarbeit an einem bestimmten Projekt zu ermöglichen. Einen gemeinsamen Wertekanon zu entwickeln und vorzuleben, um eine positive Sozialisierung des Einzelnen zu erreichen, geschieht daher nicht mehr im Rahmen alltäglicher Einflussnahme, sondern erfordert neue Wege. Dabei bieten die neuen Medien aber auch Chancen. So können Leitungspersonen mit viel weniger Aufwand viel mehr Menschen gleichzeitig erreichen. Aktuelle Themen können mit kürzerer Vorlaufzeit bearbeitet und besprochen werden, eine gegenseitige Einbindung ist über Landesgrenzen hinweg möglich. Die sinnvolle und kreative Nutzung zur Verfügung stehender Tools sollte nicht unterschätzt und ihr Einsatz gefördert und mit Präsenzveranstaltungen kombiniert werden.

Chancen bieten digitale Tools im Übrigen auch im Rahmen der Durchsetzung und Kontrolle der Prävention dienender Handlungsanweisungen. So kann ein digitales Tool zum Vertragsmanagement beispielsweise sicherstellen, dass Verträge nicht unter Umgehung des Vier-Augen-Prinzips geschlossen und in der Schreibtischschublade vorgehalten werden. Auch die Voraussetzungen für die Gewährung

---

[38] Dittmers, Werteorientiertes Compliance-Management, S. 82; Schneider/John, in: Bannenberg/Jehle, Wirtschaftskriminalität, S. 162.

[39] Dittmers, Werteorientiertes Compliance-Management, S. 82.

[40] Dölling/Hermann, in: Dittmann/Jehle, Kriminologie, S. 247 f.

von Zahlungen an Geschäftspartner kann von bestimmten Parametern abhängig gemacht werden, ohne die der Computer schlicht keine Zahlung zulässt.

4.22   Regelwerk aufstellen

Ein angemessenes, nachvollziehbares und professionell implementiertes Regelwerk, welches mit den internen Strukturen übereinstimmt, diese aufgreift und konkretisiert, gehört weiterhin zu den wichtigsten Voraussetzungen eines effektiven Compliance-Management-Systems.[41] Ein solches Regelwerk bietet der Belegschaft Sicherheit und Orientierung im täglichen Handeln und macht das im Unternehmen geltende Verständnis von „richtig" und „falsch" sichtbar. Es hilft außerdem dabei, unbestimmte Rechtsbegriffe mit Leben zu füllen.

So ist es beispielsweise sinnvoll, die Bewertung, was als sozial adäquat und angemessen zu verstehen ist, nicht dem einzelnen Mitarbeiter zu überlassen, sondern im Rahmen einer Geschenkerichtlinie Richtwerte vorzugeben. Solcherlei interne Regelwerke erlauben es mit compliancerelevanten Angeboten konfrontierten Mitarbeitenden außerdem, sich im Verhältnis zu Dritten hierauf zurückzuziehen und die Verantwortung etwa für abschlägige Entscheidungen oder die Nichtannahme von Einladungen nicht selbst rechtfertigen zu müssen. Zu beachten ist, dass eine einfache und allgemein verständliche Sprache ebenso wichtig ist, wie die verantwortungsvolle Einführung neuer Regeln unter Einräumung der Möglichkeit, Rücksprache zu halten und Fragen zu stellen. In internationalen Unternehmen gilt es, die Ausgestaltung der Regelungen dem jeweiligen Kulturkreis anzupassen und in Landessprache zu verfassen und zu kommunizieren. Es ist außerdem sicherzustellen, dass die Regeln nicht als zu hart empfunden und von allen Beteiligten gelebt werden.[42]

---

[41] FCPA Resource Guide, S. 59; statt aller: Veit, Compliance und Interne Ermittlungen, Rn. 176 ff. m.w.N.

[42] Siehe hierzu auch Ziff. 4.20.

4.23   Feedback

Eine anerkannte Lernmethode ist es, Menschen konstruktiv-kritisches Feedback zukommen zu lassen.[43] Hierdurch wird eine reflektierte Auseinandersetzung mit dem eigenen Handeln gefördert und ein Lernen durch Einsicht ermöglicht. Daneben rückt ein institutionalisiertes oder wenigstens regelmäßig erfolgendes Feedback das gewünschte Thema noch einmal in den Mittelpunkt der Aufmerksamkeit und macht klar, dass es sich nicht um eine unliebsame Eintagsfliege handelt, deren Dasein man nur lange genug aussitzen muss. Selbstverständlich sollte das Feedback nicht demoralisierend, überkritisch oder verletzend vorgebracht werden, um nicht das Gegenteil des gewünschten Effekts zu erzielen.

4.24   Handlungsalternativen bieten

Insbesondere für die in den Arbeitsmarkt drängenden, neuen Generationen sind Individualität und Unabhängigkeit ein hohes Gut.[44] Das zeigt sich nicht nur in der Abwesenheit des Wunsches nach einem festen Arbeitsplatz an einem bestimmten Ort, sondern vor allem in der verstärkten Ausprägung des ohnehin menschlichen Bedürfnisses, Herr über die eigenen Entscheidungen zu sein. In Bereichen, wo es nicht auf starre Regeln ankommt oder diese vielleicht gar nicht tunlich sind, weil ein komplexer Abwägungsprozess nötig ist, kann die Formulierung von Handlungsalternativen oder die Definition von Denkmustern in Erwägung gezogen werden. Hierzu helfen vorgegebene Kontrollfragen, die vor einer Entscheidung zu beantworten sind und bei Bedarf mit Ansprechpartnern aus dem Bereich Compliance diskutiert werden können.

4.25   Externe Ansprechpartner installieren

Um eine eigene Betriebsblindheit zu verhindern und sicherzustellen, dass die eigenen Compliance-Bemühungen noch auf dem neusten Stand sind, sollten Unternehmen sich nicht scheuen, externe Hilfe hinzuzuziehen. Dabei muss keine kostenintensive Rundum-Beratung in Auftrag gegeben werden. Je nach Größe

---

[43] Gabathuler/Bajus, Lern- und Lehrpsychologie, Bedeutung für die betriebliche Weiterentwicklung und Auswirkungen auf eine moderne betriebliche Bildung/Personalentwicklung, in: Blum/Gabathuler/Bajus: Psychologie des Lernens (2021), S. 159 ff.

[44] Schlotter/Hubert, Generation Z – Personalmanagement und Führung (2020), S. 6, 51 ff.

des Unternehmens und dem Vorhandensein eigener personeller Ressourcen kann es bereits sinnvoll sein, einzelne Bereiche oder Themen überprüfen oder aufarbeiten zu lassen. Darüber hinaus hat sich die Installation von Ombudspersonen als sinnvoll erwiesen. Hierdurch können interne Auseinandersetzungen durch eine neutrale Meinung bereichert werden. Außerdem haben Mitarbeitende so die Möglichkeit, mit Personen außerhalb des Dunstkreises des eigenen Unternehmens zu sprechen, was insbesondere bei sensiblen Themen oder persönlichen Unsicherheiten oft zu guten Ergebnissen führt. Auch Mitarbeitende, die selbst Fehler gemacht haben und diese nun adressieren möchten, tun dies mitunter lieber gegenüber unternehmensfremden Personen.

4.26   Kulturelle Besonderheiten berücksichtigen

In international aufgestellten Unternehmen ist es eine besondere Aufgabe, ein einheitliches Gesamtverständnis von Compliance zu erreichen. Dabei sollten kulturelle Unterschiede – am besten unter Beteiligung lokaler Experten – erkannt, verstanden und ernst genommen werden. Nicht alles, was in unseren Breitengraden als selbstverständlich angesehen wird, ist weltweiter Konsens. So gilt es in anderen Kulturen als geradezu unhöflich, Geschäftsabschlüsse nicht im Rahmen eines reichhaltigen Abendessens zu verhandeln. Werte wie Gemeinschaft und Familie werden in anderen Kulturen viel höher eingestuft als in unserer vornehmlich von Individualität geprägten Welt. Hieraus ergeben sich für uns teilweise nur schwer nachvollziehbare Verhaltensnormen, denen es aber nicht mit stumpfen Verboten beizukommen gilt.

Das (scheinbare) Compliance-Dilemma 5

Unternehmen sind keine isolierten Einheiten. Sie sind Teil des Marktes und der Gesellschaft und für deren Entwicklung mitverantwortlich.[1] Deswegen müssen sie sich mit den Gegebenheiten des Marktes auseinandersetzen und können nicht davon unabhängig operieren. Dies bedeutet aber auch, dass möglicherweise korrupte Strukturen, wenn sie einmal erkannt wurden, nicht einfach übergangen werden können. Stellen also die Vertreter eines Unternehmens fest, dass ein Auftrag (zumindest scheinbar) nur durch Schmiergeldzahlungen zu erlangen ist, befinden sie sich im sog. Korruptionsdilemma[2]: bedienen sie die Forderungen des potenziellen Auftraggebers oder dessen Agenten nicht, werden sie im weiteren Prozess der Auftragsvergabe nicht berücksichtigt. Dies gilt jedenfalls dann, wenn andere Anbieter es mit der Compliance weniger genau nehmen oder bereit sind, höhere Summen zu zahlen (sog. Korruptionswettlauf). In einer idealen Welt würden die weltweit zunehmenden Antikorruptionsgesetze dazu führen, dass solche Geschäftspraktiken ausgetrocknet werden und sich wieder unverfälschter Wettbewerb einstellt. Dieser Status ist jedoch noch lange nicht erreicht.

Laut Transparency International Deutschland[3] haben Unternehmen in einem korrupten Wettbewerbsumfeld üblicherweise drei Möglichkeiten:

1. die korrupten Praktiken selbst anwenden
2. sich aus dem Markt zurückziehen

---

[1] Inderst/Bannenberg/Poppe, Compliance, 3. Auflage (2017), Rn. 208.

[2] Begriff geprägt durch Transparency International (www.transparency.org).

[3] www.transparency.de

© Der/die Autor(en), exklusiv lizenziert an Springer Fachmedien Wiesbaden GmbH, ein Teil von Springer Nature 2023
V. Veit, *Compliance-Kultur und Unternehmensethik*, essentials, https://doi.org/10.1007/978-3-658-40785-8_5

3. Korruption anprangern, öffentlich machen und an Behörden weiterleiten.

Letzteres geschieht beispielsweise im Rahmen des Modellversuchs EITI (Extractive Industries Transparency Initiative)[4]. Hier haben sich Firmen aus dem Bereich der Förderung von Öl, Gas und Mineralstoffen zusammengeschlossen, um sich nicht im Wege des Korruptionswettlaufes gegeneinander ausspielen zu lassen. Im Falle von Aufforderungen zu Korruptionszahlungen werden diese im Wege der Selbstverpflichtung einander gemeldet und offengelegt.

Vor dem Hintergrund der hiesigen Diskussion der Compliance-Kultur im Unternehmen und der bereits gezeitigten Erkenntnisse lässt sich zum Korruptionsdilemma folgendes beitragen: Ein moralisches Dilemma beschreibt nach allgemeiner Ansicht eine Situation, in der mindestens zwei (moralische) Prinzipien miteinander in Konflikt geraten, indem sie dem Handelnden zwei völlig entgegengesetzte Handlungen vorschreiben.[5] Gemäß der erfolgten Sozialisation in der Arbeitswelt sind diese hier konkret: Umsatz für das Unternehmen machen auf der einen Seite, sauber bleiben auf der anderen. Beides zusammen scheint im vorliegenden Falle nicht zu funktionieren, der Betroffene muss sich also entscheiden.

Dabei ist das Dilemma nur so lange ein solches, wie zwei gleichwertige Prinzipien miteinander streiten und die eine Lösung ebenso richtig oder falsch erscheint, wie die andere. Der Ausweg aus der Dilemmasituation ist demgemäß die klare Definition von Handlungsgrundsätzen und die konsequente Ausrichtung hieran. Im Idealfalle bringt eine Forderung von Schmiergeld oder anderen Vorteilen den Adressaten dieser Forderung eben nicht in eine Dilemmasituation, sondern in einen klar definierten, unternehmensinternen Prozess, der im Ergebnis dazu führt (oder jedenfalls dringend führen sollte), dass keine Bestechungsgelder gezahlt werden. Dies setzt selbstverständlich eine klares Commitment der Unternehmensleitung und die Inkaufnahme mitunter erheblicher wirtschaftlicher Nachteile voraus. Kann oder will[6] das Unternehmen dies, aus welchen Gründen auch immer, nicht leisten, nimmt es in der Konsequenz die erhebliche Schwächung aller bisheriger Compliance-Bemühungen in Kauf. Es riskiert damit mindestens eine Erschütterung des Werteverständnisses der Mitarbeiter, im schlimmsten Falle sogar die Etablierung eines den Compliance-Gedanken konterkarierenden Wertesystems („Business um jeden Preis"). In Bezug auf korrupte Verhaltensweisen sei

---

[4] https://eiti.org

[5] Definition unter Landesbildung Baden-Württemberg, Ablaufschema einer moralischen Dilemmasituation, S. 2.

[6] Milton Friedmann: „The business of business is business".

gesagt: der Gesetzgeber hat eine Entscheidung bereits getroffen und bestimmte Verhaltensweisen unter Strafe gestellt.[7]

Im Rahmen einer funktionierenden Compliance-Kultur, die durch Lebendigkeit und Offenheit geprägt und durch konkrete Grundsätze und Regelungen ergänzt wird, sollte das Unternehmen somit in der Lage sein, dem betroffenen Mitarbeiter Unterstützung und Sicherheit durch einen klaren Rahmen bei seiner Entscheidungsfindung zu geben:

- Der Mitarbeiter fühlt sich eingeladen, das Problem offen anzusprechen
- Der Mitarbeiter weiß, dass das Unternehmen sich für den integren Weg, also den Rückzug aus dem Geschäft und/oder die Meldung des Vorfalles an die Behörden entscheiden wird.
- Der Mitarbeiter weiß, dass dies ihm nicht zum Nachteil gereichen, sondern im Bestfalle sogar positiv anerkannt werden wird.

Das Dilemma ist demgemäß für den einzelnen Mitarbeiter nur so lange ein echtes Dilemma, wie es an klaren und gelebten Regelungen für den Umgang mit solchen Situationen fehlt.

---

[7] §§ 299 ff. StGB.

Conclusio/Learning

6

Festzuhalten ist: eine gesunde und belastbare Compliance-Kultur ist die Grundvoraussetzung für erfolgreiche Compliance-Bemühungen eines Unternehmens. Ein effektives Compliance-System und eine entsprechende Kultur bedingen sich gegenseitig und sind aufeinander angewiesen. Die Implementierung von – im schlechtesten Falle auch noch zu strengen – Regeln allein wird zu Widerstand und außerdem dazu führen, dass Regelungslücken gesucht oder zumindest ausgenutzt werden, um sich über die unliebsamen Vorschriften hinwegzusetzen.[1] Auf der anderen Seite genügen aber Werte allein nicht für eine wirksame Kriminalprävention.[2] Der Weg zum Erreichen einer entsprechenden Kultur ist dabei so individuell wie das Unternehmen selbst. Von besonderer Wichtigkeit ist allerdings vor allem eine Komponente: Compliance lebt von der persönlichen Identifikation – wer wirklich etwas erreichen will, sollte mit gutem Beispiel voran gehen.

---

[1] Dittmers, Werteorientiertes Compliance-Management, S. 82 ff. m.w.N.

[2] Dittmers, Werteorientiertes Compliance-Management, S. 103 f. m.w.N.

V. Veit, *Compliance-Kultur und Unternehmensethik*, essentials, https://doi.org/10.1007/978-3-658-40785-8_6

Stimmen aus der Praxis 7

7.1 Dr. Eren Basar, Rechtsanwalt und Partner, Wessing und Partner, Düsseldorf

Die Bedeutung einer ausgeprägten Compliance-Kultur wird klar, wenn man sich die zwischenmenschliche Psychologie in Unternehmen vor Augen hält. Kooperative Systeme funktionieren nur dann, wenn diese auf einem Fundament von gleichen Werten fußen. Das ist in Gesellschaften nicht anders als bei Staaten oder Unternehmen im öffentlichen und privaten Raum. Unsere Gesellschaft funktioniert nur, weil sich weit über 90 % der Bevölkerung an die Vorschriften halten bzw. halten wollen. Genau das spielt auch im Unternehmen eine zentrale Rolle und ist der Grund, warum ein ausgeprägtes Verständnis der Compliance Kultur wichtig ist. Jedenfalls wird ein CMS-System samt Richtlinien und Verhaltensmaßstäbe nur einen geringen Effekt ausüben, wenn diese nicht im Einklang mit den ohnehin schon vorhandenen Werten der Unternehmensangehörigen steht. Dabei zeichnet sich eine gute Compliance Kultur dadurch aus, dass sie als natürlicher Bestandteil des Unternehmens-Setups gesehen und im Alltag so gelebt wird. Dies setzt auch durchdachte und funktionierende Kommunikationskanäle im Unternehmen voraus, die Ausdruck eines integralen Compliance-Verständnisses sind.

Aus meiner Erfahrung ist außerdem der Umgang der Mitarbeiter mit ihrem „Bauchgefühl" ein guter Indikator, ob eine gute Compliance vorherrscht. Zu bedenken ist hier, dass der weit überwiegende Anteil der Angehörigen in Unternehmen keine Compliance-Verantwortlichen sind. Insofern erlaubt das Vorhandensein eines „Störgefühls" bei juristisch nicht oder kaum vorgebildeten Personen sowie deren Umgang mit diesem Störgefühl regelmäßig eine gute Einschätzung,

wie es um die Compliance eines Unternehmens bestellt ist. Hat der Mitarbeiter die Möglichkeit, seine „Bauchschmerzen" anzusprechen und zu adressieren?
Oder duckt er sich und übergeht die eigene erste Einschätzung? Ein offener
Umgang wird nur dann möglich sein, wenn es eine entsprechende Feedback-
und auch Fehlerkultur gibt, die gerade für diese Mitarbeiter einen stabilen Boden
darstellen. Dazu gehört auch, ein besonnener Umgang mit eventuellem Fehlverhalten. Gerade in den Fällen, in denen ein Mitarbeiter nicht aus dem Motiv
der persönlichen Bereicherung heraus handelt, sondern im (falsch verstandenen)
Unternehmensinteresse, müssen individuelle Lösungen außerhalb von konkreten
arbeitsrechtlichen Maßnahmen oder gar Kündigung möglich sein. Ein ausgewoge-
nes und nachvollziehbares Sanktionensystem ist für die Compliance-Kultur aus
meiner Sicht genauso zentral, wie die mitunter stark entwickelten präventiven
Maßnahmen. In den Unternehmen, wo über diese Störgefühle gesprochen wird
und gesprochen werden kann, ist die Compliance Kultur stark ausgeprägt, weil
sich alle eben darin verpflichtet fühlen, sich regelkonform zu verhalten.

Bis sich eine solche Kultur etabliert, dauert es allerdings seine Zeit, weil kulturelle Aspekte eben nicht einfach durch eine entsprechende Richtlinie oder ein
Training von Checklisten verordnet werden können. Eine Kultur lebt immer von
der inneren Einsicht und von dem Wertesystem derer, die damit befasst sind.
Deswegen ist auch der Tone from the Top-Ansatz für sich genommen – aus
meiner Sicht – immer zu kurz getroffen, weil kulturelle Entwicklungen ganz
gleich welcher Art eben oftmals aus einem breiten Konsens heraus entstehen
und getragen werden, damit sie wirklich wirksam werden. Wichtig ist in diesem
Zusammenhang, dass man die Etablierung einer Compliance Organisation nicht
als ausschließlichen Teil einer Krisenreaktion verstehen darf. Unternehmen, die
sich mit der Compliance am Anfang einer neuen Sparte oder besser noch im
Rahmen ihrer Unternehmensgründung befassen und hier Zeit investieren, fahren
oftmals besser als diejenigen, die es im späteren Prozess erst etablieren (müssen).

7.2   Prof. Dr. jur. Kirsten Beckmann, Hochschule Bielefeld

Eines der weltweit wohl bekanntesten Zitate von Shakespeare über Rechtsanwälte
ist: "The first thing we do, let's kill all lawyers" (Henry VI, Part II). Juristen legen
dies meist so aus, dass Willkür und Anarchie die Folge wären. Nicht-Juristen
interpretieren den Satz durchaus anders. In vielen Unternehmen werden Juristen als Bedenkenträger wahrgenommen, die dem Geschäft bestenfalls im Wege
stehen. Compliance-Abteilungen sind nicht selten – durchaus sinnvollerweise –
mit Rechtskundigen besetzt. Ein effizientes Compliance Management ist aber

nur dann erfolgreich, wenn es als hilfreich für Reputation und Geschäftstätigkeit des Unternehmens wahrgenommen wird. Wenn sich Mitarbeitende freiwillig und frühzeitig an die Compliance-Abteilung wenden, ist diese Mission erfüllt. Für die Unternehmenspraxis und vor allem für Compliance-Aufgaben müssen sich Juristinnen und Juristen daher stärker mit Qualifikationen wie Mitarbeiterführung *(leadership skills)* und Kommunikation *(communication skills)* auszeichnen und sich dahingehend fortbilden. Die klassische (juristische) Ausbildung greift hierfür zu kurz.

7.3 Jörg Bielefeld, Rechtsanwalt bei Addleshaw Goddard (Germany) LL.P.; Peter Zawilla und Alwina Neumann, Geschäftsführer der Core Developing Culture GmbH

Wenn Compliance nicht ausschließlich Aufgabe der Compliance-Abteilung ist, sondern mit den Werten und dem Selbstverständnis eines Jeden und damit mit der Unternehmenskultur zusammenhängt, stellt sich die Frage nach der Wirksamkeit des bestehenden Risiko- und Compliance-Managements. Eine Antwort hierauf bedarf eines klar definierten Zielbildes, welches vom Unternehmen individuell verbindlich, konkret sowie operationalisierbar festgelegt wird.

Wir haben einen fachübergreifenden Ansatz entwickelt, um den Wirkungs- und Reifegrad der Unternehmens-, Risiko- und Compliance-Kultur zu erheben. Dafür kombinieren wir qualitative, systemische Interviews mit quantitativen Befragungen und schätzen vorhandene Regelwerke ein, um den Ist-Zustand zu ermitteln. Anhand der Ergebnisse dieser Erhebung wird zum einen die Rechtssicherheit des Compliance-Managements geprüft, zum anderen ergeben sich aus insgesamt 180 Bewertungskriterien und dem Abgleich mit dem definierten Zielbild konkrete Interventionsoptionen und Optimierungsansätze.

In der Praxis ist es vor allem wichtig, im Code of Conduct auf Werteorientierung, nicht auf Verbote zu setzen und dies in alle Maßnahmen im Unternehmen einzubinden. Dieser bewusste Schritt, etwa durch das Thematisieren des Compliance-Selbstverständnisses im Personalwesen, in Kommunikationsstrukturen oder bei der Einführung neuer Prozesse, macht die Belegschaft aufmerksam. Der Output jeder einzelnen Maßnahme in Bezug auf Compliance wird gesteigert sowie der „Instinkt zum Selbstschutz" jedes Einzelnen gefördert. Zur Erarbeitung und Planung von Maßnahmen und Aktivitäten innerhalb des Unternehmens ist ein crossfunktionaler, abteilungs- und hierarchieübergreifender Austausch entscheidend, damit diese Maßnahmen aufeinander abgestimmt auf das definierte Zielbild einzahlen.

Führungskräfte aller Hierarchiestufen stehen in ihrer Vorbildfunktion ganz besonders im Fokus. Daher sollte Compliance in der Aus- und kontinuierlichen Weiterentwicklung der Führungskräfte einen hohen Stellenwert bekommen. In der Praxis werden oftmals die Ausbildungsinhalte von der Personalentwicklung ggf. in Zusammenarbeit mit externen Trainern erarbeitet und anschließend Wissen und Methoden vermittelt und trainiert. Entscheidender ist jedoch die innere Haltung sowie die Vermittlung und das Sensibilisieren eines gelebten Compliance-Selbstverständnisses beim Führungsverhalten. Dieses dient als Grundlage für Mitarbeitergespräche, Teamentwicklung, Change-Kommunikation oder Entscheidungsfindung. Das Compliance-Selbstverständnis wird so kontinuierlich reflektiert, ins Bewusstsein gehoben sowie letztlich intrinsisch motiviert gelebt. Compliance-Aspekte sollten demnach als integraler Bestandteil in der Führungskräfteentwicklung fest verankert werden.

7.4 Hannah Engels, Head of Compliance/Compliance Officer Metro AG

Kultur entsteht dort, wo Gemeinschaft existiert. Das geschieht ohne weiteres Zutun und ohne bewussten Eingriff in diese Entwicklung. Aus der Gemeinschaft heraus wird die Kultur dann geformt, gelebt und weiterentwickelt. Das trifft auch auf die Compliance Kultur in Unternehmen zu. Diese Entwicklung richtig zu lenken, ist gelungene Compliance.

Das bedeutet, dass die Kultur zunächst verstanden und vereinheitlicht werden muss. Denn in Unternehmen existieren typischerweise verschiedene „Gemeinschaften" mit verschiedenen Kulturen. Das können Tochterunternehmen innerhalb einer Gruppe, Zweigstellen, Abteilungen, Teams oder verstreute Personen mit gleicher Rolle sein. Versteht man ihre Gemeinschaft, versteht man seine Zielgruppe.

Dann kann es gelingen, diese einzelnen Gemeinschaften von innen heraus dazu zu veranlassen, einheitliche Werte zu leben; sich mit den Werten, die das Unternehmen vorgibt zu identifizieren und durch diese Identifikation selbst weiter dazu beizutragen, dass Compliance Kultur gelebt und gestärkt wird. Damit dies aber gelingt, sind zwei Faktoren aus meiner Sicht unabdingbar: Ein fundiertes Verständnis dessen, was „richtig" und was „falsch" im konkreten eigenen Tätigkeitsbereich bedeutet, sowie authentische Vorbilder innerhalb der eigenen (kleinen) Gemeinschaft.

Konkret ist dies ein Plädoyer gegen pauschale „tones from the top", die schlimmstenfalls noch von Compliance vorformuliert und per Mail verschickt

sind und für mehr authentische „tones from the middle" in jeder zu definierenden Gemeinschaft. Es ist ein Aufruf dazu, ausschließlich qualifizierte Personen
in der Compliance anzustellen, statt jemandem den Hut aufzusetzen und diese
Person dazu einzusetzen, andere zu inspirieren, statt Tools zu verwalten und
Geschenkelimits zu kommunizieren, indem sie auf die Vorbilder der einzelnen
Gemeinschaften zugehen, sie von der Richtigkeit und Wichtigkeit der Sache über-
zeugen, ohne zu predigen und sie damit für sich zu gewinnen. Nah am Business,
als Partner auf Augenhöhe, der Mehrwert anbietet. Ein Budget ist besser in gutes
Personal und inspirierende Videos, als in Flyer, Poster und Gummibären-Give
Aways investiert. Das geht besser, z. B. indem Vorstände, Regionalleitungen,
Führungskräfte ganz unterschiedlicher Ebenen in einem einfachen (Selfie)-Video
authentische Botschaften senden. Das können diese nämlich ziemlich gut.

7.5 Prof. Dr. Daniel Graewe, LL.M., Rechtsanwalt, Direktor des Instituts für angewandtes Wirtschaftsrecht an der HSBA Hamburg School of Business Administration

Seit vielen Jahren halte ich an meiner Hochschule die Vorlesung „Compliance
Management". Sie wird häufig gewählt, das Thema scheint also auch die jün-
geren Generationen zu interessieren. Nur wie führt man junge Menschen an das
Thema der Regeltreue in Unternehmen heran, ohne dass die weiteren Termine im
Semester nur noch halb so voll sind?

Ich nutze dafür den Kultfilm „Fight Club" (1999). Darin berichtet der Erzäh-
ler, dass er „Rückrufkoordinator" eines großen Automobilherstellers sei. Seine
Aufgabe sei es „die Formel" anzuwenden:

> Ein von unserer Firma gebauter Neuwagen ist mit Tempo 100 unterwegs. Das Hin-
> terachsdifferential blockiert. Das Auto überschlägt sich und fängt Feuer, niemand
> kommt raus. Frage: Sollen wir eine Rückrufaktion einleiten?
>
> Man nehme die Anzahl der zugelassenen Fahrzeuge A, die voraussichtliche
> Defektrate B und den Betrag der durchschnittlichen außergerichtlichen Einigung C.
> A mal B mal C ergibt X. Wenn X kleiner ist als die Kosten einer Rückrufaktion, wird
> keine durchgeführt.

Ich finde, dieses Beispiel zeigt sehr schön den Zusammenhang zwischen
gesetzlichen Pflichten, finanziellen Aspekten, Ethik der Mitarbeiter und dem

Selbstverständnis des Unternehmens. Also genau jener Schnittmenge, in der das Compliance Management angesiedelt ist.

Später im Semester folgt dann zwangsläufig auch die Frage, was denn ein Unternehmen tun kann, um die eigene Regeltreue zu verbessern. Auch hier benutze ich ein bekanntes Beispiel: den Selbsttest von Texas Instruments. Deren Mitarbeitern wird auf einer Visitenkarte folgender Ethik-Check ausgehändigt:

> Ist die Handlung legal? Steht sie im Einklang mit unseren Werten? Werden Sie sich schlecht fühlen, wenn Sie es tun? Wie würde es in der Zeitung aussehen?
>
> Wenn Sie wissen, dass es falsch ist, tun Sie es nicht! Wenn Sie sich nicht sicher sind, fragen Sie nach! Fragen Sie so lange weiter, bis Sie eine Antwort erhalten!

Dieser Selbsttest ist so kurz und einleuchtend, dass ich ihn auch schon vielen anderen Unternehmen empfohlen habe, die ich bei der Einführung bzw. Verbesserung von Compliance Management Systemen beraten habe. Natürlich verwende ich auch dort das Fight Club-Beispiel zur Einführung für die Mitarbeiter.

Das erstaunliche an der Sache ist, dass von all den Fällen, Beispielen und Geschichten, die man erzählt, um das Thema für die Zuhörer greifbarer zu machen, vor allem diese beiden Dinge, „Fight Club" und Texas Instruments, sowohl bei Studenten, als auch bei Mitarbeitern am längsten aktiv im Gedächtnis bleiben.

7.6   Andreas Klingler, Senior Vice President Corporate Legal, Compliance- und Datenschutzbeauftragter der Flughafen Düsseldorf GmbH

Die Gesellschaft für deutsche Sprache hat am 09. Dezember 2022 das Wort „Zeitenwende" zum Wort des Jahres 2022 gewählt. In der Begründung heißt es u. a., dass das Wort „…in allgemeinerer Bedeutung auch für jeden beliebigen Übergang in eine neue Ära steht…" Wenden sich auch die Zeiten für Compliance und deren Kultur im Unternehmen? Aus meiner Sicht kann von einer neuen Ära für Compliance im Unternehmensalltag davon keine Rede sein: wir sind schon lange in einer neuen Zeit angekommen, wenn es auch neue Entwicklungen gibt.

Angefangen hatte alles in den 1980er Jahren mit der Einführung von Compliance-Strukturen in der US-amerikanischen Finanzbranche, die in den 1990er Jahren auch nach Europa –Deutschland- schwappten. EU-weite und nationale Gesetzgebungsaktivitäten schlossen sich an und am 26.02.2002 wurde die erste Fassung des DCGK Deutscher Corporate Governance Kodex verabschiedet, auf den sich die Entsprechenserklärung börsennotierter Aktiengesellschaften nach § 161 AktG bezieht. Wir gehen also seit 20 Jahren mit diesem Begriff in Deutschland um, der seither manche Wandlung, d. h. Erweiterung erfahren hat, im Kern aber immer das Ziel regetreuen Verhaltens bei jeglichen unternehmerischen Aktivitäten verfolgt.

Längst ist das Thema auch im Unternehmensalltag von KMU angekommen, für den es immer noch mehr an Bedeutung gewonnen hat. Vor der Tür stehen nun die Herausforderungen der Umsetzung des längst überfälligen Hinweisgeberschutzgesetzes, das der Bundestag mit einem Jahr Verspätung nun auf den Weg gebracht hat; die Frist zur Umsetzung soll drei Monate betragen. Daneben gilt für Unternehmen mit mehr als 3.000 Mitarbeitern bereits seit dem 01.01.2023 das Lieferkettensorgfaltspflichtengesetz mit (ebenfalls) strafbewehrten Umsetzungspflichten; für KMU folgt die Pflicht zum 01.01.2024. Überwölbt werden die alten wie die neuen Compliance Herausforderungen schließlich von der Idee eines Unternehmenshandelns, das sich an ESG, Environmental Social Governance, orientiert. Dass hierzu entsprechende Regeln überprüft, angepasst, neu geschaffen und gemonitort werden müssen, liegt auf der Hand.

Je mehr Hausaufgaben in der Vergangenheit schon erledigt wurden, desto schneller und geräuschloser lassen sich auch die neuen Herausforderungen im Unternehmen meistern. Im besten Fall bekennt sich der Vorstand/die Geschäftsführung zu den Zielen der Compliance, die nicht nur als Papiertiger, sondern als selbstverständliche Bestandteile des Unternehmensalltags vorhanden und geübt sind. Risiken sind definiert und werden überprüft, interne Schnittstellen mit Ansprechpartnern sind festgelegt. Ein Konzept für Schulungen ist ausgearbeitet, sodass dynamisch angepasst werden kann, wenn sich Risiken ändern oder neu hinzukommen.

Als Unternehmen auf der Schnittstelle zwischen öffentlichem Auftrag und privatrechtlichen Strukturen ist es für den Flughafen Düsseldorf wichtig, den Anforderungen beider Welten gerecht zu werden. Unterhalb des gesellschaftsrechtlich festgelegten Unternehmenszwecks finden sich hier wie überall „Mikro-Geschäftsmodelle", deren spezifische Risiken nachvollzogen werden müssen. Gute Compliance heißt auch, diese Geschäftsmodelle so ernst zu nehmen, dass die Akzeptanz bei den operativ Tätigen für das Mitdenken in Compliance-Strukturen erreicht werden kann. Nach meiner Erfahrung funktioniert das am besten, wenn nicht nach dem Gießkannenprinzip, sondern nach Prioritäten sortiert einzelne Unternehmensbereiche mit neuen Themen befasst werden.

Viel ist erreicht, wenn Compliance nicht als störender bürokratischer Zusatzballast für operative Tätigkeiten, sondern als eigener sinnhafter Bestandteil des unternehmerischen Handelns verstanden wird. Also müssen die Betroffenen Mitarbeiter thematisch „mitgenommen" werden – es reicht nicht, einen regelbasierten Beipackzettel zu hinterlassen, dessen Inhalte nicht ankommen.

Es können ganz unterschiedliche interne Formate sinnvoll sein: Informationsveranstaltungen, schriftliche Handreichungen, kleine und große Gesprächsrunden auch mit externer Unterstützung. Außerdem hilft, die interne Unternehmenskommunikation mit ins Boot zu nehmen, um auch digitale Kanäle zu öffnen sowie das Know How für den Transport adressatenorientierter Informationen zu nutzen. Nach meiner Erfahrung kann man nicht früh genug anfangen, neue Themen im Unternehmen zu adressieren, angefangen bei der Leitungsebene, deren Rückendeckung unverzichtbar ist. Ausreichender zeitlicher Vorlauf lässt m. E. ein langsames Vertrautwerden mit neuen Themen zu, die allmählich in den Arbeitsalltag einsickern müssen. Auf diese Weise kann es rechtzeitig – und nachhaltig – gelingen, die Compliance Kultur im Unternehmen als sich fortwährend entwickelnden Prozess stets wirksam und aktuell zu halten.

7.7 Gespräch zwischen Matthias Kuhlmann (Head of Compliance Investigations) und Judith Brühlmeyer (Compliance Officer Investigations) zur Compliance Kultur bei thyssenkrupp

Matthias, Du arbeitest seit 1997 bei thyssenkrupp und seit 2010 im Bereich Compliance Investigations. Das ist eine lange Zeit. Hat sich aus Deiner Sicht etwas an der Compliance Kultur bei thyssenkrupp in den Jahren verändert?
Definitiv. Compliance ist mittlerweile integraler Teil der DNA unseres Unternehmens geworden. Wir haben durch die Compliance Themen der Vergangenheit, insbesondere durch das Aufzugskartell 2004 und das Schienenkartell 2011 einen ganz anderen Blickwinkel für Unternehmensethik und Compliance Kultur entwickelt. Compliance und speak-up ist für thyssenkrupp und seine Mitarbeitenden eine Frage der Haltung geworden. Verlässlichkeit, Aufrichtigkeit, Glaubwürdigkeit und Integrität zeichnen uns als Unternehmensgruppe mit über 200-jähriger Geschichte aus und werden durch verantwortungsvolles und an Compliance ausgerichtetes Handeln der Mitarbeitenden gelebt. Diesen Kulturwandel einzuleiten und in der DNA zu verankern war ein herausfordernder, aber auch langwieriger und teurer (Kartellbußen) Weg.

Judith, Du hast dich entschieden, bei thyssenkrupp direkt nach dem Referendariat 2021 im Bereich Compliance Investigations zu starten. Wie nimmst Du als Newbie die Compliance Kultur bei thyssenkrupp wahr?
Durch meine investigative Tätigkeit für die gesamte Unternehmensgruppe begegne ich tagtäglich Mitarbeitenden aus ganz unterschiedlichen Business Segmenten und Zuständigkeitsbereichen. Mein Eindruck ist, dass die Mitarbeitenden aktiv an der Umsetzung von Compliance bei thyssenkrupp mitwirken, ihre Schulungen sehr ernst nehmen, Risiken erkennen, um Rat bei ihren Compliance Officern fragen und auch wollen, dass Fehlverhalten und Verstöße von uns identifiziert, abgestellt und erforderlichenfalls auch sanktioniert werden. Compliance ist also nicht nur ein abstrakter Begriff oder leere Worthülse, sondern wird von den Mitarbeitenden im Sinne einer Ethik gelebt, um sicherzustellen, dass der nachhaltige wirtschaftliche Erfolg von thyssenkrupp aufrecht erhalten bleibt.

Matthias, wie hat es thyssenkrupp eigentlich nach den Kartellverstößen hinbekommen, eine neue Compliance Kultur zu entwickeln und zu leben? Und was tut thyssenkrupp, damit sich die Compliance Kultur stetig weiterentwickelt?
Die Genese der Compliance Kultur bei thyssenkrupp fußt auf dem Compliance Commitment des Vorstands, dem Zero Tolerance Prinzip sowie auf der klar kommunizierten unternehmerischen Verantwortung unserer Führungskräfte für Compliance. Flankiert wurde dies von Beginn an durch ein stetig fortentwickeltes CMS, das an den Risiken der oft heterogenen Unternehmen aus der thyssenkrupp Gruppe ausgerichtet ist, und das sowohl auf der präventiven, als auch auf der repressiven Seite. Das heißt, wir prüfen – neben anlassbezogenen Investigations – die Compliance in unseren Unternehmen systematisch durch anlassunabhängige Audits. Gestartet sind wir mit Kartellrecht und Antikorruption. Durch die Weiterentwicklung unseres CMS gehören mittlerweile auch Geldwäscheprävention, Datenschutz und Außenwirtschaftsrecht zu unseren sog. Compliance Kernthemen und dies jeweils mit maßgeschneiderten Schulungs-, Beratungs- und Prüfungsansätzen. Das entscheidende für die aufgestellten Regeln ist, dass sie gelebt werden. Die Themen der Vergangenheit waren ein schmerzhafter Wachrüttler – aber auch ein Motivator – für die Mitarbeitenden und Führungskräfte von thyssenkrupp, den Kulturwandel mit zu gestalten und zu leben. Heute ist es Teil unserer Haltung, dass das, wofür thyssenkrupp steht, nämlich Innovationskraft, technologische Kompetenz, Qualität, Nachhaltigkeit und Kundenorientierung heute und auch in Zukunft nur durch eine ausgeprägte Compliance Kultur funktionieren kann. Und daran werden wir bei der Implementierung weiterer Compliance Themen, wie LkSG, Hinweisgeberschutzgesetz etc. anknüpfen.

Judith, merkst Du in Deiner täglichen Arbeit eine Weiterentwicklung der Compliance Kultur bei thyssenkrupp?

Absolut. Neue rechtliche und gesellschaftliche Entwicklungen, wie Hinweisgeberschutzgesetz, LkSG, ESG und CSR sind Themen, mit denen wir uns bei Compliance schon länger beschäftigen und an denen wir unser CMS proaktiv ausrichten bzw. schärfen. Aber nicht nur Compliance, sondern die gesamte thyssenkrupp Gruppe ist zukunftsgewandt. Die Grüne Transformation von thyssenkrupp mit innovativen Produkten wie CO_2-reduziertem bluemint Steel, unseren Lösungen rund um das Thema Wasserstoff und unserem Beitrag zum Ausbau der Windenergie, um nur einige Beispiele zu nennen, begeistern mich. Ich finde es klasse für ein Unternehmen zu arbeiten, bei dem sich alle Mitarbeitenden dafür einsetzen, dass Compliance in ihrem Verantwortungsbereich gelebt wird und diese Kultur auch dazu beiträgt, neue Wege im Bereich der Nachhaltigkeit mit allen Facetten zu gehen.

7.8 Katharina Lotte, Managerin Compliance, Schüco International KG:

Compliance aus Überzeugung…der ganz andere Weg von Schüco.

Jede:r im Vertrieb freut sich unbändig, wenn endlich das Compliance Training stattfindet, oder? Bei der Schüco International KG betrachten wir Compliance-Management als Change-Management Thema.

Es wird geschimpft: An zwei Tischen haben sich Lager aus Compliance Befürwortenden und Gegnern gebildet, die sich lautstark ihre Argumente zuwerfen: „Wir sollen uns an die Regeln halten und die Konkurrenz macht weiter wie bisher, oder was?" ruft ein erboster Sales Manager zum Tisch der Befürworter. „Hast Du etwa Lust ins Gefängnis zu gehen?" schallt es zurück „Du hast doch Frau und Kinder!". „Aber so machen es doch alle!" ruft einer. „Dann ist der Ehrliche doch wieder der Dumme!". Stopp! Die Change-Beraterin geht zwischen die Streithähne. Es gibt einen Rollentausch. Am Ende sind alle Argumente und Widerstände offen auf dem Tisch, ohne dass sich jemand outen musste. Gemeinsam wird die Liste aller Pro und Contra Argumente gesichtet. So oder so ähnlich erlebten mittlerweile etliche Gruppen von Vertriebsmitarbeitenden den Auftakt ihrer „etwas anderen" Compliance Workshops, die zunächst in Deutschland später auch in weiteren Ländern stattfanden.

Was hat Change Management mit Compliance zu tun? Seit einigen Jahren gelten weltweit deutlich verschärfte Compliance Regeln. Das hat Auswirkungen auf bislang „normale" Geschäftsgepflogenheiten, an die sich Verkäufer und Kunden gewöhnt haben: Teure Einladungen zum Essen, Fußballkarten,... vieles davon geht nicht mehr und das müssen nicht nur die Sales Mitarbeitenden als neue Realität begreifen, sondern auch deren Kunden. Change Management befasst sich mit den verschiedenen Phasen, die Mitarbeitende einer Organisation durchlaufen, bis sie sich mit einer neuen Struktur oder Spielregel abgefunden haben. Die Phasen wurden mehrfach – z. B. von 2003 von William Bridges, in Anlehnung an das bekannte Trauerkreis -Modell von Elisabeth Kübler Ross (1969) beschrieben. So könnte die Befindlichkeit eines Sales Mitarbeitenden, angesichts der neuen Compliance Regeln in den verschiedenen Phasen z. B. aussehen:

Phase 1: Leugnung	… Es wird schon nicht so schlimm kommen. Da hält sich doch sowieso niemand dran! Ich mach einfach weiter wie bisher!
Phase 2: Ärger	… Unglaublich, die machen ernst! Und jetzt muss ich zu diesem überflüssigen Compliance-Training! Was fällt denen denn noch ein, um mich von der Arbeit abzuhalten!
Phase 3: Verunsicherung	… Was darf ich denn jetzt überhaupt noch?
Phase 4: Abschied…	Ach! Es war doch immer so schön bei unseren Motor Cross Kundenevents! Und das dürfen wir nun nie wieder! Damit geht die gute alte Verkäuferwelt endgültig zu Ende!
Phase 5: Anpassung und Neubeginn	…So ist es nun mal und bei Lichte betrachtet: Es wurde sowieso längst Zeit, sich was Neues für unsere Kunden auszudenken. Besser wir fangen gleich damit an, noch vor der Konkurrenz! Wir könnten z.B….!

Unmittelbar nach der eingangs geschilderten Tischgesprächssimulation lassen wir alle Teilnehmenden einschätzen, in welcher Phase sie sich persönlich derzeit in Bezug auf die Compliance Regeln befinden. Die meisten Vertriebsmitarbeitenden haben bereits verstanden, dass an den neuen Regelungen kein Weg vorbeiführt, aber sind entweder noch verärgert (Phase 2) oder ratlos, was künftig geht oder nicht geht (Phase 3). Die Unterschiede sind dabei sowohl zwischen den verschiedenen Teilnehmergruppen als auch innerhalb der Gruppen groß und dürfen so stehenbleiben. Das Ziel ist Compliance *aus Überzeugung* zu erreichen. Es

gilt hier, die Teilnehmenden zum Reden zu bringen, Widerstände offenzule-
gen, Gefühle und Bedenken wertzuschätzen und ernst zu nehmen. Wenn fast
alle noch verärgert oder verunsichert sind, ist Fallarbeit, kollegiale Unterstützung
und viel Information vom Compliance Office angesagt. Gruppen im Aufbruch
sind dagegen lustvoll dabei, an einer Marketingstrategie zu basteln, bei der
man mit dem Kunden gemeinsam Compliance zum USP macht. Am leichtes-
ten tun sich eindeutig diejenigen Gruppen, bei denen der Regionale Sales Leiter
selbst mit Optimismus und Realitätssinn vorangeht und an der Sinnhaftigkeit und
Unausweichlichkeit der neuen Spielregeln keinen Zweifel lässt.

In den folgenden Workshopübungen fand unmerklich eine Entwicklung statt.
Ärger, Unmut und Widerstand sind offen auf dem Tisch (Phase 2), Fragen und
Ratlosigkeit wurden beantwortet und die Erfahrung gemacht, dass man sich zu
helfen weiß (Phase 3). Was zu tun bleibt, sind der endgültige Abschied vom Alten
und Ideen zum künftigen Vorgehen. (Phase 4 und 5).

Hat sich etwas geändert im Umgang des Vertriebs mit Compliance?
Natürlich ist genau das die Gretchenfrage, denn *natürlich* waren die schriftli-
chen Feedbacks in allen nationalen und internationalen Veranstaltungen gut bis
sehr gut. Aber für alle Teilnehmenden hat Compliance in den Workshops ein
Gesicht bei Schüco bekommen. Die Anzahl der Beratungsanfragen steigt seit dem
kontinuierlich.

Literatur: Bridges, W. (2003): Managing Transitions. Edition2nd, New York:
Perseus Books; Kübler-Ross, E. (1969): On Death and Dying. New York:
MacMillan.

7.9   Thorsten Lubba, Head of Compliance, thyssenkrupp Materials Services GmbH:

Die Compliance-Kultur als ein zentrales Element eines Compliance Management
Systems ist essenziell, vor allem in Krisenzeiten. Ein wesentlicher Bestandteil
davon ist der „Tone *at*the Top": Lebt das Top-Management eine klare Einhaltung von Regeln und Compliance-Haltung vor, so erfolgt auch automatisch ein
authentischer Tone *from* the Top. Das ist gelebte Vorbildfunktion.

Wichtig ist nicht nur, das oberste Management wie z. B. Vorstände oder
Geschäftsführer als „Botschafter" für Compliance-Themen zu gewinnen. Mindestens genauso wichtig ist das mittlere Management. Über Präsenztrainings,
e-Learnings und andere Compliance-Formate können natürlich alle Zielgruppen

erreicht werden. Aber bei der Präventionsarbeit ist es sinnvoll, alle Führungskräfte in die Pflicht zu nehmen und mit einzubinden. Botschaften, die unmittelbar von Führungskräften an ihre Teams kommuniziert werden, werden in der Regel bewusster wahrgenommen, als wenn sie von einer Zentralabteilung versendet werden.

Wertvoll ist zudem das regelmäßige Evaluieren von Formaten und Maßnahmen, mit denen ein Bewusstsein für die Compliance-Awareness geschaffen werden soll. Nicht nur Compliance-Abteilungen haben sich in den letzten beiden Jahren der Pandemie an die neuen Arbeitsbedingungen angepasst und neue (digitale) Formate für sich entdeckt. Viele Abteilungen und Einheiten arbeiten zunehmend mit Newslettern, Videoformaten, digitalen Botschaften, sodass wichtige Informationen in diesem „Strudel an Informationen" überlesen beziehungsweise übersehen werden können.

Die Kunst wird künftig darin bestehen, Compliance-Botschaften und -Inhalte zum einen noch zielgruppenspezifischer zu gestalten und zum anderen Wege zu finden, wie die Botschaften die Zielgruppen auch tatsächlich erreichen. Dabei wird auch die Frage eine Rolle spielen, wie Vertrauen zu Mitarbeitenden aufgebaut werden kann, wenn Begegnungen vorwiegend virtuell stattfinden und der informelle Austausch auf dem Weg zur Kantine oder an der Kaffeemaschine weniger wird oder gar nicht mehr erfolgt. Compliance Remote-Trainings ohne Interaktion vor schwarzen Bildschirmen dürften jedenfalls trotz ihres jungen Alters bereits aus der Mode gekommen sein.

Ein Weg könnte sein, Altbewährtes mit dem Neuen zu verbinden und zu ergänzen. So haben wir jüngst zusammen mit der Geschäftsführung einer großen Geschäftseinheit eine Compliance-Initiative durchgeführt, die diesen Ansatz verfolgte und aus den folgenden Elementen bestand:

- kurze gemeinsame Fußball-Videobotschaft des CFO und Compliance-Managers mit dem Head of Compliance („Fair Play"),
- Posterkampagne in allen Standorten, die auf die Aktion verweist,
- einmonatige Compliance-Aktionsseite im zentralen Intranet der Gesellschaft,
- Anleiten aller Standortleiter der Gesellschaft zum eigenständigen Durchführen von dezentralen Compliance-Principle-Workshops („Train the Trainer Konzept"). Daraus resultierende Fragen wurden zurück an Compliance gemeldet,
- Verweis in der Kampagne und im Intranet der Gesellschaft auf einen Online-Fragebogen, in dem sämtliche Mitarbeitenden – auf Wunsch auch anonym – drei Fragen an Compliance stellen und auch Anregungen mitteilen konnten,
- abschließende Panel-Diskussion zwischen Compliance Manager und Compliance zur Beantwortung aller eingegangenen Fragen aus der Initiative. Die

Panel-Diskussion wurde auf Video aufgezeichnet und themenbezogen in kleine Video-Nuggets unterteilt. Diese wurden gemeinsam mit weiterführenden Informationen im Intranet der Gesellschaft veröffentlicht und sind dort für alle Mitarbeitenden abrufbar.

Wie diese Initiativen bei den Mitarbeitenden wirken und ob wir alle Kolleginnen und Kollegen damit erreichen, wissen wir noch nicht. Aber wir wissen, dass wir Dinge anders machen müssen als vor der Pandemie!

7.10   Dr. Simone Ridder, Staatsanwältin bei der Staatsanwaltschaft Düsseldorf, Schwerpunktabteilung für Wirtschaftsstrafsachen

Die Implementierung eines Compliance-Management-Systems ist im Straf- und Ordnungswidrigkeitenverfahren geeignet, die den Betroffenen drohenden Rechtsfolgen zu beeinflussen. Die Ermittlungsbehörden werden dabei nicht ausschließlich ihr Augenmerk darauf legen, ob formal ein Compliance-Management-System existiert, sondern es wird umso ausschlaggebender sein, ob dieses nachhaltig ist und ob Compliance im Unternehmen ernsthaft gelebt wird. Dies sollte für die Staatsanwältinnen und Staatsanwälte erkennbar werden sowie nachvollziehbar und überprüfbar sein.

Vor diesem Hintergrund bietet es sich an, sämtliche relevanten Vorgänge, Maßnahmen und Gründe für unternehmerische Entscheidungen sorgfältig zu dokumentieren. Die fehlende Dokumentation kann unter Umständen auch ein Indiz für das Fehlen von Vorsorgemaßnahmen sein. Bei der Beurteilung, ob ein ernsthaftes Bemühen um Vermeidung von Rechtsverstößen besteht, ist von Relevanz, ob die Unternehmensleitung sich ernsthaft mit dem Compliance-Gedanken identifiziert, etwa indem eine entsprechende Kommunikation nach innen und außen stattfindet. Ein weiteres wichtiges Indiz für ein ernsthaftes Interesse der Unternehmensleitung an einem effizienten Compliance-Management-System ist nach der zu berücksichtigenden Rechtsprechung die Individualisierung des Systems im Hinblick auf die Konzernstruktur, die Größe des konkret betroffenen Unternehmens, die Branche und die damit verbundenen Konfliktbereiche, die betrieblichen Abläufe sowie die Qualifikation der einzelnen Mitarbeiter und sonstige spezielle Besonderheiten des Unternehmens. Zur Überzeugung der Ermittlungsbehörden geeignet sind ferner solche Bemühungen, die auf eine stete Anpassung und Fortschreibung des Compliance-Management-Systems im Hinblick auf Änderungen der Gesetzeslage, aktuelle Entwicklungen der Rechtsprechung sowie im Rahmen von Schwachstellenanalysen (auch die das Verfahren auslösende Normverletzung) festgestellte Lücken hindeuten. Zudem sollten sowohl die Mitarbeiter als auch die Geschäftsleitung in regelmäßigen Abständen entsprechend geschult werden. Je individueller und intensiver diese Schulungen sind, desto mehr deuten sie auf das Bestehen einer echten Compliance-Praxis hin. Insoweit könnte die Schulungsleistung über die bloße Information der Mitarbeiter hinausgehen und die nötige Möglichkeit eröffnen, Nachfragen zu stellen und im Bedarfsfall entsprechend beraten zu werden. Dies lässt sich im Regelfalle am besten durch interaktive Formate abbilden. Nicht zuletzt sollte jedem Mitarbeiter, jeder Mitarbeiterin die Möglichkeit eröffnet werden, Rechtsverletzungen in einem geschützten Rahmen zu melden.

7.11 Tobias Rinke, kaufm. Geschäftsführer der Krieger + Schramm Unternehmensgruppe:

Gemeinsame Unternehmenswerte als Basis
Die Compliance-Kultur ist bei Krieger + Schramm eng mit den Unternehmenswerten verwoben. Sie stellen die Basis für das gesamte Compliance-System dar. Umso wichtiger ist es, dass diese Unternehmenswerte nicht nur alle Mitunternehmer[1] kennen, sondern diese auch als gemeinsamen Handlungsrahmen für alle geschäftlichen Aktivitäten teilen. Das sorgt nicht nur für eine höhere Akzeptanz, sondern auch für mehr Effizienz, weil dann nicht jeder Einzelfall zu regeln ist. Entscheidend ist hier, dass die Geschäftsführung und die Führungskräfte die Unternehmenswerte nicht nur mittragen, sondern aktiv vorleben.

Professionelle Unterstützung hilft, Fehler zu vermeiden
Natürlich ist eine wichtige Aufgabe des Compliance-Systems, die Einhaltung der gesetzlichen Regelungen sicherzustellen. Dazu gehören z. B. unternehmensrechtliche, wettbewerbsrechtliche, steuerrechtliche und strafrechtliche Vorschriften, die zum Teil sehr komplex und nicht in jedem Fall intuitiv einzuhalten sind. Hier kommt es darauf an, die wesentlichen Regelungen mit Hilfe eines darauf spezialisierten Juristen zu erarbeiten und in einem Dokument, das von allen Mitunternehmern unterzeichnet wird, festzuhalten. Dieses Dokument – das bei Krieger + Schramm als Compliance-Kompass bezeichnet wird – muss in doppelter Hinsicht lebendig bleiben: Zum einen ist wichtig, es aktuell zu halten, zum anderen müssen die Inhalte regelmäßig – vom Auszubildenden bis zum CEO – regelmäßig geschult werden.

---

[1] so nennen wir bei Krieger + Schramm die Mitarbeiterinnen und Mitarbeiter.

Digitale Instrumente, Internes Kontrollsystem und angemessene Revision sichern die Qualität

Ein Compliance-System benötigt eine effiziente Operationalisierung. Hier haben sich bei uns elektronische Checklisten bewährt, die wir in die relevanten Prozesse integriert haben. Darüber hinaus setzen wir in kritischen Bereichen auf ein Vieraugenprinzip, das wenn möglich direkt in den digitalisierten Prozessen verankert ist und damit nicht ohne weiteres umgangen werden kann. Eine angemessene externe und interne Revisionstätigkeit sowohl für sie System- als auch für die Einzelfallprüfung rundet das Gesamtsystem ab. So können Schwächen zuverlässig erkannt und beseitigt werden.

7.12   Christian Schmitz, Bereichsleiter Legal & Governance, Santander Consumer Bank AG

In der regulierten Finanzbranche ist eine ausgeprägte Risiko- und damit auch Compliance- Kultur schon seit vielen Jahren ein essenzieller Bestandteil der Geschäftsmodelle.

Eine der wesentlichen Herausforderungen ist es, wie es uns gelingt die Themen Risiko, Compliance und auch Recht so zu vermitteln, dass sie nicht als lästige Pflicht oder gar als Hindernis beim erfolgreichen Geschäft verstanden werden, sondern als unveränderlicher Teil der Rahmenbedingungen innerhalb derer Geschäft gemacht wird – genau wie Vertriebsziele oder die verschiedenen Restriktionen bei den Ressourcen.

Wir haben intern mit einigen Prinzipien gute Erfahrungen gemacht, diese lassen sich auch auf andere Branchen übertragen.

Es muss ein Grundverständnis und eine Akzeptanz der Regeln geben. Dafür müssen diese Regeln einfach, nachvollziehbar und handhabbar sein. Die Beurteilung muss für die Mitarbeiter verständlich und berechenbar sein, also nach festen Maßstäben erfolgen.

Wir müssen den Mitarbeitern Freiräume aufzeigen oder da – wo diese nicht bestehen – die Grenzen und die Gründe erklären. Diesen Ansatz auch tatsächlich im Arbeitsalltag umzusetzen ist eine große Herausforderung. Wenn Compliance gut gelebt wird, kann es ein Wettbewerbsvorteil sein – nicht nur weil sich Risiken verringern, sondern weil auch Gestaltungsmöglichkeiten besser genutzt werden können.

Der Schlüsselfaktor ist wie bei vielen anderen Themen der – interne oder externe- Ansprechpartner: gute, motivierte Berater für die Compliance Themen, die Experten auf ihrem Gebiet, versierte Kenner des Geschäfts und der zu regulierenden Sachverhalte sind und die den Mitarbeitern Orientierung bieten.

Und nicht zuletzt braucht es ein bisschen Geduld, Wandel braucht Zeit!

Was Sie aus diesem *essential* mitnehmen können

- Inspiration für die Etablierung und/oder Verbesserung einer eigenen, individuellen Compliance-Kultur
- Tools und Best Practices für die konkrete Anwendung im eigenen Unternehmen
- Einen Überblick über die geltenden Regelwerke im In- und Ausland
- Die Erkenntnis, dass das wichtigste Instrument bei der Etablierung einer Wertekultur das eigene Vorbild ist

Literatur

Bannenberg, Britta: Korruption in Deutschland und ihre strafrechtliche Kontrolle: eine kriminologisch-strafrechtliche Analyse, 2002, Neuwied; Kriftel: Luchterhand.

Bannenberg, Britta/Jehle, Jörg: Wirtschaftskriminalität, 2010, Forum Verlag Godesberg GmbH, Mönchengladbach (zit: *Bearbeiter* in: Bannenberg/Jehle, Wirtschaftskriminalität).

Blum, Urs/Gabathuler, Jürg/Bajus, Sandra: Weiterbildungsmanagement in der Praxis: Psychologie des Lernens, Springer 2021 (zit.: Bearbeiter in: Blum/Gabathuler/Bajus, Psychologie des Lernens).

Cutler, Stephen: SEC Speech (Second Annual General Counsel Roundtable), Director, Division of Enforcement U.S. Securities and Change Commission, 2004, Dec. 3, Washington D.C., https://www.sec.gov/news/speech/spch120304smc.htm.

Dittmann, Volker/Jehle, Jörg: Kriminologie zwischen Grundlagenwissenschaften und Praxis, 1. Auflage 2003, Buch, Forum Verlag Godesberg GmbH, Mönchengladbach (zit: *Bearbeiter* in: Dittmann/Jehle, Kriminologie).

Dittmers, Claudia: Werteorientiertes Compliance-Management: Die Werte von Compliance Beauftragten und ihr Einfluss auf die Compliance-Kultur in Deutschland, 1. Auflage 2018, Nomos Verlagsgesellschaft, Baden-Baden.

FCPA: A Resource Guide to the U.S. Foreign Corrupt Practices Act, By the Criminal Division of the U.S. Department of Justice and the Enforcement Division of the U.S. Securities and Exchange Commission, 2nd Eddition 2020, https://www.justice.gov/criminal-fraud/file/1292051/download.

Fissenewert, Peter: Compliance für den Mittelstand, 2. Auflage 2018, Buch, C.H.Beck, München.

Frey, Dieter/Rosenstiel, Lutz von/Hoyos, Carl Graf: Wirtschaftspsychologie, Handbuch, 2005, Beltz Verlag: Psychologische Verlagsunion, Weinheim (zit: *Bearbeiter* in: Frey/Rosenstiel/Hoyos, Wirtschaftspsychologie).

Greespan, Alan: Commencement address at the Wharton School, University of Pennsylvania, 2005, May 15, Philadelphia.

Heißner, Stefan: Erfolgsfaktor Integrität: Wirtschaftskriminalität und Korruption erkennen, aufklären, verhindern, 2. Auflage 2014, Springer Gabler, Wiesbaden.

Inderest, Claudia/Bannenberg, Britta/Poppe, Sina: Compliance: Aufbau- management-Risikobereiche, 3. Auflage 2017, Buch, Handbuch, C.F.Müller, Heidelberg.

Jahn, Joachim/Guttmann, Micha/Krais, Jürgen: Krisenkommunikation bei Compliance-Verstößen, 2020, Buch, Handbuch, C.H.Beck, München.

Kohlberg, Lawrence: Die Psychologie der Moralentwicklung, 1996, Taschenbuch, Suhrkamp Verlag, Berlin.

Lind, Georg: How to Teach Morality, 2019, Buch, Logos Verlag, Berlin.

Lowry, Paul Benjamin/Moody, Gregory.: Proposing the control-reactance compliance model (CRCM) to explain opposing motivations to comply with organisational information security policies, in: Information Systems Journal,2015, 25 (5), S. 433–463.

Moosmayer, Klaus: Compliance: Praxisleitfaden für Unternehmen, 4. Auflage 2021, Buch, C.H.Beck, München.

Pfister et al: Burdens of non-conformity: Motor execution reveals cognitive conflict during deliberate rule violations, Cognition, 2016, 147: 93-9.

Pfister et al: Taking shortcuts, cognitive conflict during motivated rule-breaking, Journal of Economic Psychology, 2019, 71, 138.

Posey, Clay/Bennett, Becky/Roberts, T./Lowry, P. B.: When computer monitoring backfires: invasion of privacy and organizational injustice as precursors to computer abuse, in: Journal of Information System Security, 2011, 7 (1), S. 24–47.

Rose, Nico: Die Schattenseiten von Compliance vermeiden, Control Manage Rev., 2021, 65 (1), 50-55.

Schlotter, Lorenz/Hubert, Philipp: Generation Z -Personalmanagement und Führung: 21 Tools für Entscheider, 2020, Springer Gabler, Wiesbaden.

Treviño, Linda/Weaver, Gary/Gibson, David/Toffler, Barbara: Managing ethics and legal compliance: what works and what hurts, California Management Review, 1999, 41 (2), 131.

Tyler, Tom/Blader, Steven: Can business effectively regulate employee conduct? The antedecents of rule following in work settings, Academy of Management Journal, 2005, 48 (6), 1143.

Veit, Vivien: Compliance und interne Ermittlungen, 2. Auflage 2022, C.F. Müller, Heidelberg.

Wahl, Klaus: Wie kommt die Moral in den Kopf?: Von der Werteerziehung zur Persönlichkeitsförderung, 2015, Springer Spektrum Berlin, Heidelberg.

Yap et al.: Ergonomics of Dishonesty, Psychological Science, 2013, 24 (11), 2281. ñ.

Printed in the United States
by Baker & Taylor Publisher Services